天符經을 周易에 묻다

천부경

주역

천부경天符經 원문原文

一始無始一이요
일 시 무 시 일

析三極 無盡本이니라
석 삼 극 무 진 본

天一一이요, 地一二이요, 人一三이니라
천 일 일 지 일 이 인 일 삼

一積十鉅라도 無匱化三이니라.
일 적 십 거 무 궤 화 삼

天二三이오 地二三이오 人二三이니라
천 이 삼 지 이 삼 인 이 삼

大三合六하야 生 七八九하고
대 삼 합 육 생 칠 팔 구

運三四하야 成環五七하니라
운 삼 사 성 환 오 칠

一妙衍 萬往萬來하야 用變 不動本하니라
일 묘 연 만 왕 만 래 용 변 부 동 본

本心 本太陽하야 昂明하고
본 심 본 태 양 앙 명

人中 天地一이나
인 중 천 지 일

一終無終一이니라
일 종 무 종 일

天符經을 주역에 묻다

발행일	2017년 12월 22일 초판 1쇄 발행
	2020년 3월 9일 2쇄 발행
지은이	김재홍
발행처	상생출판
주소	대전시 중구 선화서로 29번길 36(선화동)
전화	070-8644-3156
팩스	0505-116-9308
출판등록	2005년 3월 11일(175호)
홈페이지	www.sangsaengbooks.co.kr
ISBN	979-11-86122-66-2

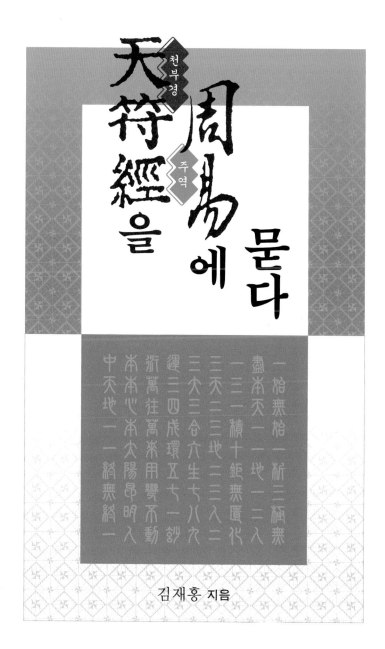

天符經 周易에 묻다

천부경 주역

天符經을 周易에 묻다

김재홍 지음

상생출판

책을 내면서

『천부경天符經』에 대해서 그 저작의 시기와 배경에 대해서 지금까지도 학계에서는 위서僞書로 간주하는 등 많은 논란이 있다. 이러한 논란의 과정에서 『천부경』 81자 내용에 대한 학계의 정설이 없는 이유로 제각기 백가쟁명식의 자의적인 해석으로 일관된 서책들이 범람을 이루고 있는 실정이다.

필자는 『천부경』의 저작의 연대와 배경에 관한 논란에 대해서는 일단 접어두고자 한다. 다만 『천부경』의 내용이 담고 있는 철학적인 의미에 대하여 역 철학적 관점에서 논명論明하고자 한다. 필자의 소견으로는 『천부경』을 본격적인 학술 연구의 대상으로 삼기에 다음과 같은 충분한 역易철학적인 가치가 있다고 사료된다.

먼저, 『천부경』에는 『주역』철학의 중요한 핵심을 담고 있기 때문이다. 따라서 본서에서는 『천부경』에 대한 역 철학적 논거를 바탕으로 여러 경전에서 보편적인 논거를 확보하여 그 근거로 제시하고자 노력하였다.

다음으로 『천부경』에서는 우주론을 비롯한 수리數理철학적 함의를 역학易學의 상수象數 원리와 종시終始원리를 통해서 드러내고 있다. 이러한 이유로 『천부경』의 철학적인 함의에 대한 연구는 역 철학적인 관점에서 살펴보는 것이 『천부경』의 근원적 의미를 드러내는데 가장 타당하다고 사료된다. 그리고 이러한 『천부경』에 대한 역학적 관점의 연구는 『천부경』의 해석에 대한 새로운 지평을 열어갈 수 있다고 확신한다.

따라서 본서에서는 유불도儒佛道 삼가三家의 보편적인 논거를 참고로 하고, 『주역』과 『정역』을 비롯한 역학적인 관점에서 『천부경』 81자에 내포된 철학적인 함의含意를 다음과 같이 살펴보고자 한다.

　1. 본서에서는 먼저, 『주역』과 『정역』을 중심으로 역학적 정합성에 입각하여 『천부경』의 내용을 해석하고자 한다.
　다음으로, 여러 경전들을 통해서 『천부경』의 해석에 필요한 보편타당한 논거를 확보하여 제시하고자 하였다.

　2. 본서에서는 『천부경』 내용을 크게는 천지인天地人의 의미에 따라 상중하上中下의 세 단락으로 나누어서 살펴보고자 한다. 그 내용은 『천부경』의 첫 구절에서 네 번째 구절까지 「상경上經」으로 하였다. 다섯 번째 구절에서 일곱 번째 구절까지를 「중경中經」으로 구분하였고, 여덟 번째 구절부터 열한 번째 구절까지를 「하경下經」으로 하여 구분하여 살펴보고자 한다.[1]

　3. 『천부경』의 내용적인 연구는 일태극一太極이 십무극十無極으로 돌아가 하나가 된다는 『정역』의 십일귀체원리十一歸體原理와 십十과 일一에서 도道를 이룬 십일성도十一成道원리에 따라 『천부경』의 내용을 11구절로 나누어서[2] 그 철학적인 함의를

1　안경전, 『증산도의 진리』, 상생출판, 273쪽, 2015 "『天符經』의 구성은 일시무시일一始無始一에서 무궤화삼無櫃化三까지는 상경上經(일경一經)으로, 천이삼천二三에서 성환오칠成環五七까지는 중경中經(이경二經)으로, 일묘연一妙衍에서 일종무종일一終無終一까지는 하경下經(삼경三經)으로 분류한다."라고 하였다.

2　『정역』에서는 "아 아 오운이 운전하고 육기가 기동하여 十과 一이 한 몸이 되는 공

구명究明하고자 한다.

4.『천부경』의 저작시기와 배경에 대해서는 일반적인 내용만 인용하여 간단히 소개하고, 그 진위와 정합성 여부에 대한 내용과 필자의 개인적인 견해는 일체 생략하였다.

5.『천부경』의 내용은 일一에서 십十까지의 상수象數 원리에 입각하여 그 본원적인 의미를 드러내고 있다고 보여진다. 따라서『천부경』의 수리적인 표상에 대해서『주역』과『정역』을 비롯한 경전經典에서 상수의 근거를 밝히고, 이러한 논거를 바탕으로『천부경』81자의 철학적인 함의를 논명論明하고자 노력하였다.

6.『천부경』은 저작의 시기와 위서僞書 논란으로 인해 그 내용에 대한 연구의 당위성과 가치마저 외면당하고 있는 실정이다. 본서에서는 이러한 논란에서 벗어나『천부경』내용에 대한 철학적인 함의를 살펴보고, 그 연구 성과에 대해 절차탁마의 과정을 거쳐야 한다고 본다. 이러한 취지에서 학계와 강호의 선배 제현들께서 인정하는 비교적 보편타당한 논거를 근거

덕(인격적 차원)이 그지없구나.(오호嗚呼 오운운五運運, 육기기六氣氣, 십일귀체十一歸體, 공덕무량功德无量.)"라고 하였다. 이는 모든 것이 오운육기五運六氣로 돌아서 십일귀체十一歸體한다는 것이다. 다시 말하면 용육用六이 기동하여 십十과 일一이 한 몸이 된다는 것이다. 또한『정역집주보해正易集註補解』에서는 "수토평水土平은 십토일수十土一數의 변화를 말한 것이니, 일一은 수지시數之始로서 역수逆數하여 십十에 이르게 되고, 십十은 만극지수萬極之數로서 수지종數之終이므로 되돌려 역생逆生함으로써 다시 일一로 돌아가게 되는바, 십十과 일一은 양극兩極으로서 십무극十无極과 일태극一太極이니, 이를 십일귀체十一歸體 또는 무극이태극无極而太極이라 한다."라고 하였다.

로 하여 『천부경』의 내용을 정리하고자 하였다.

　필자는 부족한 공부 때문에 항상 죄스럽고 송구스러운 마음을 가지고 있다. 그러나 『중용』제12장의 구절처럼 "사람들이 한 번으로 능할 때 나는 백 번을 행하고, 사람들이 열 번으로 능히 행할 때 나는 천 번을 행한다."[3]라는 마음으로 학문에 대한 집념과 열정을 가지고 열심히 공부하겠다는 약속으로 그 부끄러움을 대신하고자 한다. 오로지 선배 제현들의 질정叱正을 부탁드린다.

　어리석은 제자에게 많은 가르침을 주신 은사님들과 필자와 함께 주역공부에 매진하고 계시는 많은 도반 여러분들께 감사드린다.
　그리고 가난한 철학도의 길을 선택함으로써 가정사의 여러 가지 어려움을 감내하고 있는 사랑하는 아내 이옥주 권사를 비롯한 가족들에게 공부한다는 명분으로 못난 모습을 감추고 있는 필자의 위선에 대해 진심어린 사과와 함께 고마운 마음을 전하면서 이 책을 바친다.
　끝으로 이 책의 출판을 허락해주신 상생출판사 사장님과 편집을 맡아주신 강경업 팀장님에게 감사한 마음을 전한다.

2017년 11월
김 재 홍 올림

3　『中庸』제21장, 12절 "人一能之 己百之, 人十能之 己千之"

차 례

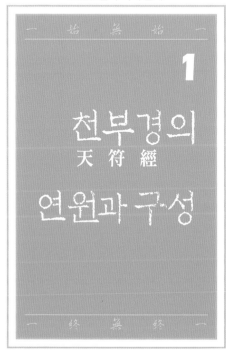

一 始 無 始 一

1

천부경의
天 符 經

연원과 구성

一 終 無 終 一

1.
『천부경天符經』의 연원과 구성

가. 천부경의 의미와 연원

『천부경天符經』의 문자적인 의미는 하늘의 이치에 부합하는 글이라는 뜻이다. 그리고 『천부경天符經』을 세상에 알린 사람은 계연수桂延壽라고 전한다. 그는 1916년 묘향산 석벽에서 갑골문의 『천부경』을 발견하였다고 한다.[1]

『천부경』에 대해서는 여러 판본이 전해져 온다. 그 중에서도 김용기金容起에 의해 1925년에 출간된 『단전요의檀典要義』의 내용에 따르면 태백산太白山에 있는 단군檀君의 전비篆碑는 난잡해서 읽기 어려웠는데, 고운 최치원이 이 비문을 해독하여 석벽

---

[1] 재야사학자인 송호수는 천부경의 여러 판본이 전해지고 있다고 주장하며 다음과 같이 정리하였다. ①묘향산 석벽본 : 계연수가 1916년 발견하여 1917년 단군교에 보냈다는 판본으로, 계연수는 최치원이 석벽에 새겨놓은 것이라 주장하였다. 현재 여러 천부경의 원본으로 보인다. ②최고운 사적본 : 김용기가 1925년에 쓴 『단전요의檀典要義』에 소개된 것으로, 최국술이 『최문창후전집崔文昌候全集』에 실은 천부경의 출전으로 기재되어 있다. ③최문창후전집본 : 최국술이 1925년에 쓴 『최문창후전집崔文昌候全集』에 출처를 『단전요의檀典要義』라고 기재한 천부경이 실려 있다. ④노사 전비문본 : 김형택이 1957년에 쓴 『단군철학석의檀君哲學釋義』에 소개된 것으로, 1920년경 습득한 것이라고 한다. ⑤태백일사본 : 이유립이 1979년에 공개한 『환단고기』에 실린 『천부경』으로, 최치원의 첩帖으로 세상에 선하는 것을 1911년 계연수가 적어 넣었다고 한다. ⑥『농은유집』본 민홍규가 2000년에 「뉴스피플」에 기고하면서 알려진 것으로, 민안부閔安富의 유품에서 나온 것이라고 한다. 특이사항으로는 일반 천부경이 아닌 갑골문으로 된 천부경이라고 주장하였다. 하지만 이 천부경의 갑골문은 실제 갑골문과 전혀 다른 위작이라는 것이 일반적인 견해이다.

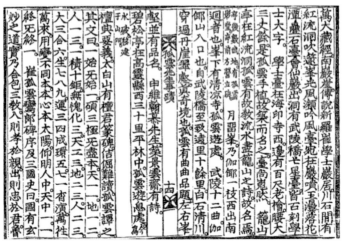

『단전요의』, 고운집, 고운선생 사적

에 남겼다고 전하고 있다.[2] 그리고 그 내용은 『고운문집』의 별책에 언급되어 있다고 한다. 그러나 현재 통용되고 있는 『천부경』과는 몇 글자가 다르다고 전한다. 그리고 『농은유집』본의 『천부경天符經』내용과도 아래와 같이 4글자가 서로 다르게 전해온다. 이 여러 가지 판본 중에서 가장 많이 인용되고 있는 것은 묘향산 석벽본이다. 본서에서도 묘향산 석벽본을 기준으로 논지를 전개해 가고자 한다.

----

2 『단전요의檀典要義』, "태백산유단군전비太白山有檀君篆碑, 길굴난독佶倔難讀, 고운역지孤雲譯之, 기문왈其文曰, 일시무시일一始无始一, 석삼극무진본碩三極无盡本, 천일일天一一, 지일이地一二, 인일삼人一三, 일적십거一積十鉅, 무괴화삼無愧化三, 천이삼天二三, 지이삼地二三, 인이삼人二三, 대삼합육大三合六, 생칠팔구生七八九, 운삼사성환오運三四成環五, 칠일묘연七一杳演, 만왕만내萬往萬來, 용변부동본用變不同本, 본심본태양本心本太陽, 앙명인중仰明人中, 천중일天中一, 일종무종일一終无終一, 최고운난랑비서급국사왈崔孤雲鸞郎碑序及三國史曰, 국유현묘지도國有玄妙之道, 실내합포삼교實乃合包三敎, 입칙효어친入則孝於親, 출칙충어군出則忠於君, 노사구지지야魯司寇之旨也. 처무위지사處無爲之事, 항부언지교行不言之敎, 주주사지종야周柱史之宗也. 제악막작諸惡莫作, 제선봉항諸善奉行, 축건태자지화야筑乾太子之化也."

◎ 천부경 판본 비교

묘향산 석벽본	농은유집본	『단전요의』
석삼극析三極	신삼극新三極	석삼극碩三極
대삼합육大三合六	대기합육大氣合六	칠일묘연七一杳演
무궤화삼無匱化三	무궤종삼無匱從三	무괴화삼無愧化三
운삼사運三四	충삼사衷三四	
일묘연一妙衍		일묘연一杳演

나.『천부경』의 구성

　『천부경天符經』의 내용은 81자로 구성되어 있으며, 그 핵심적인 내용은 우주만물의 근원적인 변화원리를 표상하고 있다. 특히 일一에서 십十까지의 천지지수天地之數의 상수적象數的인 표현을 통해서 천지인天地人의 상관성과 우주宇宙 만물萬物의 근원적根源的인 생성변화원리를 밝히고 있다.

　『주역周易』에서 수數라고 하는 것은 하늘의 뜻을 상징체계로써 성인지도聖人之道를 드러내는 표상 체계 중의 하나이다.[3] 왜냐하면 수數는 추상적인 진리를 구체적이고, 명확하게 드러낼 수 있는 상징체계이며, 말과 글의 한계점을 보완할 수 있는 표상체계이기 때문이다.[4] 그러므로 「계사繫辭」상上편에서는 수

3　『주역』「계사」상편 제10장, "역유성인지도사언易有聖人之道四焉, 이언자상기사以言者尙其辭, 이동자상기변以動者尙其變, 이제기자상기상以制器者尙其象, 이복서자상기점以卜筮者尙其占."

4　『주역』「계사」상편 제12장, "자왈子曰, 서불진언書不盡言, 언불진의言不盡意, 연칙성인지의然則聖人之意, 기불가견호其不可見乎. 성인聖人, 입상이진의立象以盡

를 통해서 "변화의 도를 아는 자가 신이 하는 바를 아는 것인 겨."[5]라고 하였다. 이 말은 상수象數를 통해서 변화의 도道를 아는 자는 하늘의 섭리를 안다는 뜻이다.

또한 『주역周易』 「계사繫辭」상上편 제9장에서 천지지수절[6]을 밝히고 제11장에서 하도河圖·낙서洛書의 수數를 통해서 천지지도天地之道를 밝히고 있다.[7] 그리고 『주역周易』 「계사繫辭」상上편 5장에서도 "(성인지도의) 헤아림(수數)을 극진히 하여 다가옴을 아는 것을 일러 점占이라고 한다.(극수지래지위점極數知來之謂占)"[8]라고 하였다. 이러한 『주역周易』 경문經文들은 수數가 성인지도聖人之道의 표상 체계 중의 하나요, 언어와 문자의 한계점을 보완하고, 나아가 그 의미를 분명하게 드러내기 위한 것임을 천명하고 있는 것이다.

다시 말하면 『주역周易』은 상象, 사辭, 변變, 점占(수數)을 통해서 성인지도聖人之道를 드러낸다는 것이다.[9] 또한 하도河圖·낙서洛書의 도상圖上에서 나타난 일一에서 십十까지의 음양기우수陰

意, 設卦以盡情僞設卦以盡情僞, 계사언이진기언繫辭焉以盡其言, 변이통지이진리變而通之以盡利, 고지무지이진신鼓之舞之以盡神"

5   서양의 고대 그리스 철학자들은 수數로써 신神의 뜻을 판단할 수 있다고 보았다.

6   『주역』 「계사」상편 제9장. "천일지이천삼지사천오지육천칠지팔천구지십天一地二天三地四天五地六天七地八天九地十, 천수오天數五, 지수오地數五, 오위상득五位相得, 이각유합而各有合, 천수이십유오天數二十有五, 지수삼십地數三十, 범천지지수凡天地之數, 오십유오五十有五, 차소이성변화이행귀신야此所以成變化而行鬼神也."

7   『주역』 「계사」상편 제9장, "자왈자曰, 지변화지도자知變化之道者, 지변화지도자知變化之道者, 기지신지소위호其知神之所爲乎."

8   『주역』 「계사」상편 제9장,

9   『주역』 「계사」상편 제10장, "역유성인지도사언易有聖人之道四焉, 이언자상기사以言者尚其辭, 이동자상기변以動者尚其變, 이제기자상기상以制器者尚其象, 이복서자상기점以卜筮者尚其占."

陽奇偶數를 통해서 우주변화의 근원적인 원리인 역도易道를 표상하고 있다.[10]『천부경』에서도 이와 같은 맥락에서 일一에서 십十까지의 상수象數를 통해서 시간의 근원적인 의미가 공간에서의 전개과정으로 드러남을 보여주고 있다고 여겨진다.

---

10 『주역』「계사」상편 제11장, "성인상지聖人象之, 하출도河出圖, 낙출서洛出書, 성인칙지聖人則之"

一 始 無 始 一

2

『천부경』

「상경」의
上 經

주해
註 解

一 終 無 終 一

2.
『천부경』「상경上經」의 주해註解

『천부경天符經』「상경上經」에서는 다음과 같이 밝히고 있다.

一始無始一이요
일 시 무 시 일

析三極 無盡本이니라
석 삼 극 무 진 본

天一一이요 地一二요 人一三이니라
천 일 일   지 일 이   인 일 삼

一積十鉅라도 無匱化三이니라
일 적 십 거   무 궤 화 삼

▸一(한 일) ▸始(처음 시) ▸無(없을 무) ▸析(가를 석) ▸三(석 삼) ▸極(다할 극)
▸盡(다될 진) ▸本(밑 본) ▸積(쌓을 적) ▸十(열 십) ▸鉅(클 거) ▸匱(함 궤) ▸化(될 화)

"(천지만물의 생성生成) 하나(태극太極)에서 시작이 되나,
하나는 무無(무극)에서 비롯된 하나이니라.
하나는 셋으로 나뉘지만 그 근본根本은 다함이 없다.
하늘이 그 첫째요, 땅이 그 둘째이고, 사람이 그 셋째이다.
하나가 나뉘어 쌓여서 열을 이룬다. 다함(궁핍함이)이 없
이 셋으로 화한다."

위 구절의 요지는 ①『천부경』의 우주론宇宙論과 ②일一과 무
無의 관계, ③천지인天地人의 배열 이치, ④일一에서 십十까지의
상수象數의 의미를 통해서 철학적 함의를 표상하고 있다. 그 내
용을 구체적으로 살펴보면 다음과 같다.

가. 일시무시일 -始無始-

1) 일시무시일 -始無始-

이 구절에서 가장 중요한 핵심은 일一과 무無의 의미와 그 상관성이라고 할 수 있다. 이 구절 전체 의미로 보면 일一(하나)에서 시작하고, 일一(하나)은 만물萬物의 근원적인 원리인 무無에서 비롯된 것이라 밝히고 있다. 그렇다면 일一과 무無는 어떤 의미인가를 구체적으로 살펴 볼 필요가 있다.

가) 일시一始

첫 구절에서의 일一의 함의含意는 먼저, 일一의 일반적인 의미로서 통일된 하나(일一)라는 의미를 가지고 있다. 다음으로 역학易學의 측면에서 보면 일一은 만물萬物 생성生成의 근원인 태극太極을 의미하고 있다.

『주역』에서는 "역易에는 태극太極이 있고, 태극은 양의兩儀를 낳고, 양의兩儀는 사상四象을 낳고, 사상四象은 팔괘八卦를 낳고, 팔괘八卦는 길흉吉凶을 정定하며, 길흉은 큰 업業을 낳는다."[11] 라고 하였다. 이 구절에서 태극太極은 역수曆數로서의 일一을 의미한다. 즉 일一이 만물萬物 생성生成의 근원인 태극太極임을 말한다. 태극太極이 인간을 포함한 만물을 낳고, 인간사의 길흉까지 정한다고 밝히고 있는 것이다. 그리고 하늘의 뜻이 공간으로 드러남을 천명하고 있다.

또한 『정역』에서 "중中이란 십십十十과 일일一一의 공空이니

---

11   『주역』, 「계사」상편, 제11장 "시고是故, 역유태극易有太極, 시생양의是生兩儀, 양의생사상兩儀生四象, 사상생팔괘四象生八卦, 팔괘정길흉八卦定吉凶, 길흉생대업吉凶生大業."

라"[12]라고 하였다. 중中이 십십일일十十一一의 공空이라는 것이다. 즉 일一은 만유생명이 시작하는 곳이요, 십十은 돌아가 결실을 거두는 곳이라는 것이다. 이것을 씨와 열매의 관계로 보면 씨(일一)의 완성이 열매(십十)인 것이다.

따라서 역학의 관점에서 볼 때 일一은 만물萬物 생성의 근원인 하나이며, 이 하나는 태극太極으로서 천하 만물의 생성生成이 태극太極에서 비롯된다는 의미로 보인다.

나) 무시일無始一

무시일無始一은 태극太極인 하나는 무無에서 비롯되었다는 것이다. 이때 무無는 태극太極의 근원이요, 태극太極의 본체本體인 무극無極으로 규정할 수 있다. 이 구절에서의 무無를 태극太極의 근원인 무극無極으로 보는 데는 다음과 같은 경전經典의 내용에서 그 근거를 찾아볼 수 있다.

첫째, 도가道家의 입장에서 무극無極에 대한 의미를 살펴보면 다음과 같다.

먼저, 무극無極에 대해서 처음으로 언급한 사람은 노자老子이다. 노자老子는 『도덕경道德經』에서 "흰 것을 알고 검은 것을 지키면 세상의 법도가 된다. 세상의 법도가 되면 항상 덕에 어긋나지 않게 되어 무극無極으로 돌아가게 되어 있다."[13]라고 하였다. 이 구절에서의 무극無極은 선악善惡의 분별을 떠난 도道의 본원本源을 의미한다고 할 수 있다. 그리고 『도덕경』 제40장에서 "세상의 만물은 유有에서 나오고, 유有는 무無에서 나온

---

12 『정역』, 제25장 후편 "중中 십십일일十十一一 공空"

13 노자老子, 『도덕경道德經』 28장, "지기백수기흑위천하식知其白守其黑爲天下式, 위천하식爲天下式, 상덕불특복귀어무극常德不忒復歸於無極."

다."[14]라고 언급한 내용은 『천부경』의 일시무시일一始無始一의 의미를 잘 설명해주고 있다. 노자老子의 무극無極은 주렴계의 '무극이 태극(무극이태극無極而太極)'이라는 의미와는 달리 '무극이 태극을 생한다(무극생태극無極生太極)'의 의미로 보인다.

노자老子『도덕경道德經』「제1장」에서도 "이름이 없음은 하늘과 땅이 생기기 전의 것이라 그렇고, 이름이 있는 것은 만물을 낳은 어머니가 있기 때문이다."[15]라고 하였다.

따라서 무無는 천지의 시작이요, 유有를 만물의 어미를 이름함이라고 하여 무無를 천지天地가 시작된 근원이라는 의미로 밝히고 있다.

다음으로, 『장자莊子』「재유在宥」편에서 무無에 대하여 "다함이 없는 문으로 들어가 다함이 없는 들판에서 노닐다"[16]라고 하였다. 이는 무無의 의미를 다함이 없는 의미로 설명한 것으로 보인다.

둘째, 유가儒家의 입장에서 무극의 의미를 살펴보자.

먼저, 주렴계는[17] 『태극도설太極圖說』에서 "무극無極이면서 태

---

14 노자老子, 『道德經』 28장, "세상의 만물은 유에서 나오고, 유는 무에서 나온다.(천하만물생어유天下萬物生於有, 유생어무有生於無)"

15 노자老子, 『도덕경道德經』, "명무명천지지시名無名天地之始, 유명만물지모有名萬物之母"

16 『장자莊子』, 「재유在宥」편 第三, "입무궁지문入无窮之門, 이유무극지야以遊無極之野"

17 주돈이周敦頤(1017년~1073년) 또는 주염계周濂溪는 중국 북송(960-1127)의 유교 사상가이다. 성리학의 기초를 닦았다. 존칭하여 주자周子라고도 한다. 송대宋代 유학의 형이상학적 사유는 주돈이에 의하여 시작되었다고 전해진다. 동시대의 유학자 장재張載(1020~1077)의 사상과 더불어 주돈이의 저술인 『태극도설太極圖說』과 『통서通書』에 보이는 깊은 사색은 주돈이의 제자인 정호程顥(1032~1085)·정이程頤(1033~1107)의 이정자二程子를 통해 계속 이어져 나간 송나라 시대 도학(道學)의 방향을 설정하는 단초가 되었다. 그리고 『주자전서周子全

第一太極圖

陽動　陰靜

火　水
土
木　金

乾道成男　坤道成女

萬物化生

〔左側 註解〕

此無極二五所以妙合而無
間也　此無極而太極也
一其性一〇其乾男
太性物化萬生性而坤女
極而其萬　以男以
也化生　　形女氣
　　　　　化以化
物一〇也　者一者
一各　　　言太言
　　　　　也極也
　　　　　　各也

〔右側 註解〕

此所謂無極而本無極而太極也
指而言耳　其體之不雜乎陰陽也
變之陰為陽而陰根也中　所謂無極
合也　　　其〇體之本動而生陽
而生者　　　　　　動極而靜
者此本無　　　　　靜而生陰
水火木金土　　　　陰靜者陽之根也
之本之體也　　　　陽動者陰之根也
根也動而陽　　　　此即陰陽而言者也

극이니, 태극이 움직여서 양陽을 생성하고, 움직이는 것이 지극해서 고요하며, 고요해서 음陰을 낳고, 고요함이 지극하면 다시 움직이나니, 한번 움직이고 한번 고요한 것이 서로 그 뿌리가 되며, 음陰으로 나뉘고 양陽으로 나뉘어 두 가지 모양이 세워지도다. 양陽이 변하면서 음陰을 합하여, 수水, 화火, 목木, 금金, 토土의 오행五行이 생성되며, 다섯 가지의 기운이 골고루 펼쳐져 춘하추동 사시四時의 계절이 운행 되도다. 오행五行은 하나의 음양陰陽이요, 음양은 바로 하나의 태극太極이니, 태극은 본래 무극無極이도다"[18]라고 하여, 무극이태극無極而太極임을 주장하고 있다. 즉 태극太極에 의해 만물萬物이 생성生成되고, 생성된 만물은 변화가 무궁하게 된다는 것이다.

만물萬物의 생성변화는 헤아릴 수 없지만 그 근원을 살펴보면 태극太極에서 나오고, 무극無極으로 돌아간다는 것이다. 다시 말하면 무극無極이 태극太極이 된다는 것은 무극無極이 곧 태극太極이라는 것이다.

다음으로, 주희朱熹는 무극이태극無極而太極에 대하여 『태극도설해太極圖說解』에서 "무극이면서 태극이다. 태극太極 외에 다시 무극無極이 있다는 것이 아니다."[19]라고 해석하였다. 그리고 무

書』7권이 있다.

18 주렴계周濂溪의 『태극도설太極圖說』, "무극이태극無極而太極, 태극동이생양太極動而生陽, 동극이정動極而靜, 정이생음靜而生陰, 정극부동靜極復動, 일동일정一動一靜, 호위기근互爲其根, 분음분양分陰分陽, 양의입언兩儀立焉. 양변음합陽變陰合, 이생수화목김토而生水火木金土, 오기순포五氣順布, 사시행언四時行焉. 오행일음양야五行一陰陽也. 음양일태극야陰陽一太極也. 태극본무극야太極本無極也."

19 주자朱子. 『태극해의太極解義』, "고왈무극이태극故日無極而太極, 비태극지외부유무극야非太極之外復有無極也."

극無極은 없다는 의미로 "소리도 없고 냄새도 없으며 방향과 장소도 없고 형체와 모양도 없다는 의미이다. 태극太極이란 조화造化의 실제적인 핵심으로 온갖 사물의 근원이다."[20]라고 하였다. 그러므로 태극太極은 본래 무극이다(태극본무극야太極本無極也)'라고 하여 무극無極이 따로 있는 것이 아님을 밝히고 있다.[21]

마지막으로, 『열자列子』「탕문湯問」편에서는 하혁夏革의 말을 빌려 "사물의 끝과 시작은 애초에 다함이 없다."[22]라고 하였다. 『열자列子』에서도 무無는 다함이 없음으로 해석하고 있음을 확인할 수 있다.

세 번째, 『정역正易』에서는 무극无極에 대하여 "(손을)들어 펴면(신伸) 무극无極이니 십十이요, 십十하고 (모지母指를 굴屈하면) 태극太極이니 일一이다. 하나(일一)가 열(십十)이 없으면 체體가 없고, 열(십十)이 하나가(일一) 없으면 용用이 없으니, 합슴하면 토土라. 가운데 있는 것이 오五니 황극皇極이요 합덕세계슴德世界이다."[23]라고 하였다. 이것을 수지상수手指象數를 근거로 살펴보면, 엄지손가락을 굴屈하면 일一이요, 태극太極이며, 펴면(신伸) 십十

----

20 주자. 『태극해의太極解義』, "무성무취無聲無臭, 이실조화지추뉴而實造化之樞紐, 품휘지근저야品彙之根柢也."

21 주자朱子는 『太極解義』에서 주렴계가 "무극이태극"이라고 한 뜻은 태극太極만 말하면 태극太極이 곧 구체적인 실물인 것으로 오해될까 염려하여 무극無極을 통해 태극太極의 무형상성無形象性을 표현하고자 한 것이며, 무극과 태극太極은 궁극자의 2가지 측면을 나타낸 것이라고 이해했다. 그리고 이것을 형체는 없으되 이치는 있다.라고 하였다.

22 『열자列子』, 「탕문湯問」편 第五, "하혁왈夏革曰, 물지종시物之終始, 초무극이初無極已."

23 『정역』, 「일장후一張後」편, "거편무극擧便无極 십十, 십편이태극十便是太極 일一, 일一 무십무체无十无體, 십十 무일무용无一無用, 합토合土, 거오중거中五 황극皇極."

이요, 가운데 오五가 황극皇極이라는 것이다.

『정역』에서 십무극十无極은 하늘을 상징하고, 일태극一太極은 공간에서 만물萬物을 생성生成한다고 보고 있다. 이것을 체용體用의 논리로 보면 『천부경』 첫 구절의 일一은 무無의 용用이요, 무無는 일一의 체體라고 할 수 있다. 그러므로 하나인 일一인 태극太極은 무無의 무극无極을 체體로 하여 시작한다는 의미라고 할 수 있다.

또한 『정역』에서는 하도河圖의 도상에 있어서 본체도수本體度數인 십十과 오五가 중앙中央에 합덕合德되어 있는 것은 오황극五皇極이 십무극十无極에 내포되어 있음을 상징하고 있는 것으로 밝히고 있다. 그러므로 십十과 오五가 하나가 된다는 것은 천도天道를 인간이 주체적인 자각 원리를 통해서 드러낸 천인합덕天人合德의 경지境地를 천명한 것이라 할 수 있다.

네 번째, 불가佛家의 논리로 보면 무無는 공空의 의미라고 할 수 있다. 불가佛家의 공空사상에서 공空은 텅빈 것이지만 가득 차있다는 의미를 가지고 있다. 왜냐하면 공空의 관점에서 보면

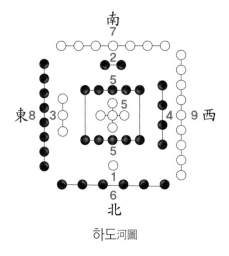

하도河圖

무無이지만, 연기緣起의 관점에서 보면 유有이기 때문이다. 그리고 이때 유有는 고정된 실체가 아니라 변화하는 과정으로 보인다. 제행무상諸行無常의 무無이다. 그러므로 온 우주가 공空을 근원으로 한다고 할 수 있는 것이다.

다섯 번째, 전병훈은 단丹의 입장에서 무극無極에 대하여 언급하고 있다. 그의 『정신철학통편』에서 "무시無始는 곧 무극無極이 태극太極이니, 태극太極이 동動하면 양陽을 생生하고, 정靜하면 음陰을 생한다. 하늘과 땅이 비로소 세워지니 자축지회子丑之會이다. 이런 까닭에 일一은 무시無始에서 비롯된다. 일一이라는 것은 태극太極의 일一이다. 원신元神이 움직일 수 있는 능력이 바로 이것이다."[24]라고 하였다.

이상의 논거를 참고하여 일시무시일一始無始一의 의미를 살펴볼 때 하나(일一)는 태극太極으로 만물생성의 근원이요, 무無는 무극無極으로 태극太極의 근원으로서 다함이 없음을 천명闡明하고 있는 것이라고 하겠다.[25] 즉 무無와 일一은 우주 만물생성의 본체인 무극無極과 만물생성의 근원인 태극太極을 설명하고 있다고 할 수 있다.

....

24 전병훈, 『정신철학통편』, "무시칙무극이태극無始則無極而太極, 태극동이생양太極動而生陽, 정이생음靜而生陰, 천지시립자축지회天地始立子丑之會. 고왈일시어무시야故曰一始於無始也. 일자태극지일一者太極之一, 원신동능력시야元神動能力是也."

25 『증산도의 진리』에서는 "일시무一始無 일종무一終無에 일무一無는 음양陰陽의 짝이요, 체용體用의 논리이다. 그리고 일一은 일기一氣, 일신一神, 일심一心으로 모든 존재의 근원이다. 즉 일시무시일一始無始一은 석삼극析三極 무진본無盡本을 말하기 위함이다. 나의 일심一心은 본심本心의 문제, 인간人間 본성本性의 차원에서 일一의 의미를 해석할 수 있다. 일一은 신도神道의 차원次元으로 볼 때 우주의 조물주造物主인 하나님 일신一神을 상징한다."라고 하였다. 이는 만물의 생성의 근원이 조물주 하나님임을 표상하고 있다. (『증산도의 진리』, 상생출판, 대전, 274쪽)

나. 석삼극析三極 무진본無盡本

1) 석삼극析三極 무진본無盡本

앞 구절에서 하나인 일一은 태극太極이며, 태극太極의 근원이 무無(무극無極)임을 살펴보았다. 이러한 의미를 이어서 석삼극析三極 무진본無盡本이란, 태극太極이 천지인天地人 삼극三極으로 나뉘어도 만물생성의 작용을 하는 태극太極의 근원이 무無(무극無極)에 있음을 말하고 있는 것으로 보인다. 이 구절에 대한 경전經典적인 근거와 함께 구체적인 의미를 살펴보자.

가) 석삼극析三極

먼저, 삼극三極에 대한 역학적인 근거를 살펴보면 『주역』「계사」상편에서 "육효六爻의 작용은 삼극지도이다.(육효지동六爻之動, 삼극지도야三極之道也)"[26]라고 하였다. 그러나 『주역』에서는 삼극三極이라는 용어만 언급을 하였지 구체적으로 삼극三極의 내용이 무엇인지는 언급하지 않았다. 다만 "역에는 태극이 있다.(역유태극易有太極)"[27]라고 하여, 태극太極만 언급하고 있다.

『주역본의周易本義』에서는 "삼극三極은 천지인天地人의 지극한 이치理致이다."[28]라고 하였다. 이 주석註釋은 「계사」상편의 '육효의 작용은 삼극지도이다.'라는 구절에 대해 주자朱子가 주석을 한 것이다. 즉 천지인天地人의 지극한 삼극三極의 이치가 육

26　『주역』「계사」상편, 제2장
27　『주역』「계사」상편, 제11장
28　『주역본의』, "천지인天地人 지극이치至極理致"라고 하였고, 『정역』에서는 태극太極과 황극皇極 무극无極으로 규정하고 있다. 일一은 일태극一太極을 의미하고, 무无는 십무극十无極을 말한다.

효六爻를 통해서 드러난다는 것이다.

『정역』에서는 "십오일언十五一言"[29]을 통해서 삼극三極에 대하여 언급하고 있다. 십오일언十五一言의 뜻은 십十과 오五가 하나로 합하는 말씀이라는 의미이다. 그리고 일一은 씨요, 십十은 열매로 상징한다. 즉 씨의 완성이 열매라는 것이다. 그러므로 일一은 만유생명의 기시처其始處요, 십十은 귀결처歸結處라고 할 수 있을 것이다. 또한 『정역』에서는 십十은 십무극十无極, 오五는 오황극五皇極, 일一은 일태극一太極으로 규정하고 있다. 십오일언十五一言의 십오十五는 십무극十无極과 오황극五皇極이 하나로 합치된 천인합일天人合一의 의미로 해석하고 있다.

따라서 『정역』에서는 삼극三極을 태극太極과 황극皇極, 무극无極으로 규정하고[30] 나아가 삼극三極은 하나임을 천명하고 있다.[31]

석삼극析三極의 의미를 『천부경』의 전체 내용과 앞뒤 구절을 감안할 때, 『주역』과 『정역正易』에서 보이는 삼극三極의 의미와는 다른 함의含意를 가지고 있음이 분명해 보인다.

먼저, 『천부경』에서는 하나(일一)를 상징하는 태극太極에서 삼극三極으로 나뉘어졌다고 하는데 이것은 만물생성의 근원인 태극太極이 천지인天地人 셋으로 나뉘어졌다는 것을 의미한다. 그렇기 때문에 천지인天

---

29   『정역』 제1장 전편, "십오일언十五一言"
30   『증산도의 진리』에서는 "삼극三極은 천지인天地人의 삼신三神을 뜻한다. 그리고 삼신三神의 자기현현自己顯現이 천지인天地人이다."라고 하였다. 이 구절에서도 삼극三極은 천지인天地人을 의미하고 있다. (『증산도의 진리』, 상생출판, 대전, 263쪽)
31   『정역』 제1장 전편, "거편무극擧便无極 십十. 십편시태극十便是太極 일一. 일一 무십无十, 무체无體. 십무일十无一, 무용無用. 합슴 토土, 거중居中 오五, 황극皇極."

地人은 모두 음양陰陽을 내포하고 있는 것이다.

『정역』에서는 「십오일언」에서 십무극十无極과 오황극五皇極이 하나로 합쳐진다고 천명하고 있다. 또한 무극无極이 태극太極이라는 관점에서 보면 무극无極과 태극太極의 공간적인 위치가 같음을 밝히고 있다. 그런가 하면 『주역』에서는 삼극三極이 육효六爻를 통하여 공간空間으로 드러남을 설명하고 있는 각각의 차이점이 있는 것으로 보인다.

반면에 공통점은 『천부경』에서 말하는 삼극三極의 함의와 『주역』과 『정역』에서 말하는 삼극三極의 의미가 하나가 셋이요, 셋이 하나라는 것이다. 즉 태극太極과 무극无極은 우주만물의 기시처其始處요 귀결처歸結處라는 공통적인 철학적 함의를 가지고 있다는 것이다.

따라서 『천부경』에서 말하는 석삼극析三極의 의미는 태극太極이 천지인天地人 셋으로 나누어졌다는 의미를 가지고 있는 것이다. 즉 태극太極을 근원으로 천지인天地人이 나누어졌다는 것이다.

나) 무진본無盡本

무진본無盡本의 의미는 존재의 근원인 무無는 그 근본을 다한다는 것이다. 다시 말하면 태극太極인 하나가 천지인天地人으로 나뉘어져도 존재의 근원인 무無는 그 근원적인 작용을 다한다는 것을 말한다. 무無는 다함이(막힘이) 없다는 것이다. 달리 말하면 무無는 우주의 근원과 본질로서 그 순환작용은 한량이 없고, 그 지경地境이 없다는 의미이다. 즉 다함이 없는 근원이란 무극無極이요, 이것이 태극太極으로 드러난다는 것이다. 태극太極이 천지인天地人으로 나누어진다는 것은 『주역』에서 말하는 분합分合의 원리를 말한다.

그러므로 무진본無盡本이란 우주의 근원적인 본래의 자리가 무극無極이며, 무극無極은 그 근본을 다함에 막힘이 없다는 것이다.

그렇다면 석삼극析三極 무진본無盡本의 철학적 함의는 무엇인가? 태극太極인 하나一가 삼극三極인 하늘과 땅과 사람으로 나뉘어도 그 근본은 다함이 없고, 결코 줄어들지 않는다는 의미이다. 달리 말하면 우주의 생명력은 줄어들거나 고갈되는 것이 아니라는 의미이다. 그러므로 만물은 이 하나一가 진동하여 섭리함으로 존재하고, 나아가 우주만물이 천변만화千變萬化한다. 그러나 태극太極에서 천지인天地人으로 나누어져도 그 근원적인 본질, 자리(위)는 다함이 없는 것이다.

다. 천일일天一一 지일이地一二 인일삼人一三

첫 구절에서 언급된 삼극三極을 셋으로 나눈 것이 바로 천일일天一一, 지일이地一二, 인일삼人一三이다. 이것은 하늘과 땅과 사람을 바로 삼극三極으로 표현한 것으로 보인다. 그리고 하늘도 하나요(천일天一), 땅도 하나요(지일地一), 사람도 하나(인일人一)라는 통일과 조화, 그리고 분합分合의 의미를 천명하고 있는 것으로 보인다.

『도덕경道德經』에서도 "도道는 하나一를 낳고, 하나一는 둘二을 낳고, 둘二은 셋三을 낳고, 셋三은 만물萬物을 낳는다."[32]라고 하였다.

----

32 『도덕경』 42장, '도생일道生一, 일생이一生二, 이생이二生三, 삼생만물三生萬物'

『주역』의 관점으로 보면 만물의 영원성을 말하는 '생생지리
生生之理'라고 할 수 있다.[33] 이 구절의 내용을 구체적으로 살펴
보자.

1) 천일일天一一

하늘(천天)의 수數는 일일一一이요, 땅(지地)의 수數는 일이一二
요, 사람(인人)의 수數는 일삼一三이라는 것이다. 즉 일一은 하늘
이고, 이二는 땅이며, 삼三은 인간을 의미한다는 것이다.[34] 이
것은 하늘과 땅과 사람이 각각 모습이 다르게 보여도 천지인天
地人은 근원이 같다고 할 수 있다. 왜냐하면 천일天一, 지일地一,
인일人一의 일一은 천지인天地人에서 같으며, 하나(일一)라는 의
미를 가지고 있기 때문이다.

또한 일一은 우주만물宇宙萬物 생성의 근원적根源的 존재인 하
나이다. 「천부경」에서의 일一은 만물생성 근원인 태극太極으로
보기 때문이다.

『주역』에서는 "태극은 양의를 낳고, 양의는 사상을 낳는다."
라고 하였다. 그러므로 천일일天一一 지일이地一二 인일삼人一三

---

33 『환단고기桓檀古記』 「태백일사太白逸史」 「소도경전본훈蘇塗經典本訓」에서 아사
    달이 제천의 예가 끝나는 것을 보고 노래를 지었으니 다음과 같다. "만물의 큰 시
    원이 되는 그 극極은 일러 양기良氣라 하니 무無와 유有가 섞여서 빔과 참이 오묘
    하구나. 삼三은 일一을 체體로 삼고, 일一은 삼三을 용用으로 삼으니 무無와 유有,
    빔과 참이 오묘하게 하나로 순환하고 삼신三神의 체體와 용用은 둘이 아니로다.(대
    일기극大一其極, 시명양기是名良氣, 무유이혼無有而混, 허조이묘虛粗而妙, 삼일
    기체삼一其體, 일삼기용一三其用, 혼묘일환混妙一環, 체용무기體用無歧.)"라고
    하였다.

34 정호선, 고운孤雲 최치원선생崔致遠先生의 『천부경해天符經解』에서 "태극이 나누
    어져서 하늘이 되고, 땅이 되고, 사람이 된다. 이런 까닭에 하나가 셋으로 나누어진
    다는 것이다.(太極分而爲天爲地爲人也, 故曰 一三析)"라고 하였다.

의 일이삼一二三을 만물생성의 과정으로 보면 일一은 사물事物을 시작하고, 이二는 사물事物을 발전시키며, 삼三은 사물事物을 이루고 성취하는 수數라는 의미로 정리할 수 있다.

　따라서 천일일天一一의 일一은 우주만물의 생명의 근원이다. 또한 일시무시일一始無始一의 일一이요, 일태극一太極의 일一이며, 오행五行으로는 일육수一六水의 일一로서 만물萬物을 생성生成하는 근원이라는 의미를 부여할 수 있다.

2) 지일이地一二

　하나(태극太極)에서 음양으로 나뉜다. 이 말은 태극太極이 움직이면 음양陰陽으로 작용作用한다는 것이다. 원래 이二는 땅의 본성이요, 생명生命의 본성本性이다. 오행五行으로 보면 이칠화二七火의 불(화火)이다. 달리 말하면 천일일天一一의 일一이 물이라면, 지일이地一二의 이二는 불이라는 것이다.

　우리나라 태극기는 『주역』의 지천태괘 원리에 의해서 만들어졌다.[35] 태극기의 건곤감리乾坤坎離 배치를 보면, 물(감수坎水/☵)은 하늘에 있고, 불(이화離火/☲)은 땅에 자리하고 있다. 하늘에 있는 물(☵)은 땅으로 내려오고, 불(☲)은 하늘로 올라가서 천지天地가 소통하여 만물萬物을 생생生生하고 형통함을 나타내

35　지천태괘地天泰卦는 천지天地 합덕원리合德原理이며, 후천원리后天原理를 천명하고 있다. 태泰는 통通하는 것이다. 소인지도는 가고, 대인지도가 와서 길하고 형통한 것이다. 그러므로 지천태地天泰의 세상은 양쪽 물건物件과 사람이 잘 통通히는 것이다. 서로의 뜻이 통하게 되면 서로의 관계가 편하게 잘 풀려 나간다. 이것이 사물과 사람 사이의 泰이다. 다시 말하면 하늘의 기氣와 땅의 기氣가 서로 섞이고 통하는 괘卦이다. 양陽과 음陰, 군주君主와 신하臣下, 군자君子와 소인小人, 남자男子와 여자女子 등의 양쪽의 기氣가 서로 통하고 잘 조화調和되는 괘卦이다. 즉 천하태평天下泰平의 괘卦로서 우리나라 태극기의 원리이기도 하다.

고 있는 것이다.[36)]

따라서 지일이地一二는 음양陰陽의 합덕, 물(☵)과 불(☲)의 합덕合德, 천지天地의 합덕合德으로 공간空間인 땅에서 만물萬物이 생生안나는 것이다.

3) 인일삼人一三

인일삼人一三에서 삼三은 천일일天一一과 지일이地一二의 합덕合德으로 태어난 만물萬物의 영장인 사람이 삼三이라는 것이다.[37)] 사람 역시 태극太極의 하나이며, 태극太極을 근본으로 삼는다. 천일天一과 지이地二의 물(☵)과 불(☲)이 생生한 자리로서 감리坎離가 사람을 포함한 만물萬物을 낳는데 사람이 천지天地의 조화를 이루는 주체이다. 그러므로 인일삼人一三이라고 한 것이다.[38)]

삼三에 대하여 좀 더 세밀히 살펴보자. 삼三은 오행五行으로는 목木이요, 오방五方으로는 동東이다. 동東을 문왕팔괘文王八卦로 보면 진震으로 나타나며, 그 덕성은 움직임(동動)의 의미를 가지고 있다. 이것은 사람은 천지지도天地之道를 근원으로 천지인天地人이 하나가 되도록 나아가야 함을 의미한다고 할 수 있다. 이러한 내용을 체용體用의 논리로 일반화하여 살펴보면 일一은 체體요, 삼三은 용用이라고 할 수 있다. 이 말은 우주 만물의 근

---

36 『주역周易』, 지천태괘地天泰卦 「단사彖辭」, "태소왕대래길형泰小往大來吉亨, 즉시 천지교이만물則是天地交而萬物 통야通也. 상하교이기지동야上下交而其志同也 ."

37 피타고라스학파는 우리의 전체 우주가 수數로부터 온 존재로 믿고, "일一이라는 신神은 이二를 만든 창조주이고, 두 수가 합쳐 삼三이 되므로, 삼三은 바로 우주의 상징이다."라고 하였다.

38 전병훈, 『정신철학통편』, 「천부경주해」 "人亦以太極之一爲本而天一地二水火旣生則日月行坎離立氣化以生人參爲三才故日人一三也"

원인 하나에서 천지인天地人 셋으로 나누어지고, 다시 하나로 돌아간다는 분합分合의 원리로 보인다.

삼三에 대해서는 여러 가지 측면에서 많은 의미를 찾아 볼 수 있다. 그러나 『천부경』에 대한 논지의 전개과정에서 논점이 흐트러짐을 방지하기 위해서 삼三의 함의에 대한 구체적인 논의는 차후의 연구과제로 삼고자 한다. 그리고 본 고에서는 『천부경』에서 논의되어야 할 부분만 원방각圓方角 원리와 성환오칠成環五七의 구절에서 논의를 하고자 한다.

따라서 이상의 경전의 근거를 참고하여 천일일天一一, 지일이地一二, 인일삼人一三의 의미를 살펴보면 크게 두 가지 의미로 구분하여 설명할 수 있다.

첫째는 우주만물의 생성에 대한 우주론과 우주의 영원성을 설명하고 있다고 할 수 있다.

둘째, 천일일天一一, 지일이地一二, 인일삼人一三에서 일이삼一二三이란 천지인天地人의 전개과정의 순서라는 의미로 볼 수 있다. 왜냐하면 천개어자天開於子, 지벽어축地闢於丑, 인생어인人

문왕팔괘도

生於寅과 연관하여 살펴보면 천지인天地人은 하나(一)인데 그 순서가 자천子天, 축지丑地, 인인寅人으로 볼 수 있기 때문이다.

셋째, 이 구절을 체용體用의 관계로 그 의미를 해석할 수 있다. 왜냐하면 하나가 만물생성의 근원인 체體가 되고, 하나에서 나누어진 셋을 용用으로 볼 수 있기 때문이다.

라. 일적십거一積十鉅 무궤화삼無匱化三

『천부경天符經』은 일一에서 십十까지의 상수象數원리를 통해서 근원적인 존재의 변화원리를 설명하고 있다.

일적십거一積十鉅 무궤화삼無匱化三이란 일一이 쌓여서 십十이 되는데 근원적根源的인 존재는 다함이 없이 삼三으로 화化하는 것이다. 이 때 일一이란 천지인天地人이 생겨난 태극太極이요, 삼三은 조화와 완성을 의미한다고 할 수 있다.

동양東洋 철학사상哲學思想의 핵심은 인간학人間學이 중심中心이다. 그러므로 천지天地의 근원적인 원리가 인간을 통해서 공간으로 드러났다는 의미이다. 이것이 바로 천인합일天人合一이다.[39] 일적십거一積十鉅와 무궤화삼無匱化三에 대하여 구체적으로 살펴보자.

1) 일적십거一積十鉅

일적십거一積十鉅란 일一이 쌓여서 그 변화의 궁극에서 십수十數가 거대하게 열린다는 것이다.[40] 이에 대한 경전적인 근거를

---

39 동학의 인내천사상으로 보면 모든 사람이 다 하늘인 것이다.

40 『설문해자』에서는 십十에 대하여 "십十은 다 갖추어 있음을 말한다. 가로(一)는 동서東西가 되고, 세로(丨)는 남북南北이니, 사방四方과 중앙中央을 다 갖추었다.(십

살펴보자

먼저, 『정역』의 관점에서 일적십거一積十鉅를 살펴보면, 도생역성倒生逆成과 역생도성逆生倒成 원리인 도역생성원리倒逆生成原理[41]로 설명할 수 있다.[42] 일태극一太極과 십무극十無極이 열리는 의미이다. 즉 일태극一太極이 십무극十無極으로 십무극十無極이 다시 일태극一太極으로 순환하는 이치이다. 도식화해 보면 아래와 같다.

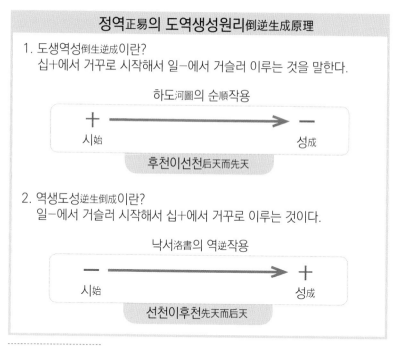

정역正易의 도역생성원리倒逆生成原理

1. 도생역성倒生逆成이란?
   십十에서 거꾸로 시작해서 일一에서 거슬러 이루는 것을 말한다.

   하도河圖의 순順작용

   十　　　→　　　一
   시始　　　　　　성成

   후천이선천后天而先天

2. 역생도성逆生倒成이란?
   일一에서 거슬러 시작해서 십十에서 거꾸로 이루는 것이다.

   낙서洛書의 역逆작용

   一　　　→　　　十
   시始　　　　　　성成

   선천이후천先天而后天

수지구야十數之具也, 일위동서一爲東西, 위남북爲南北, 칙사방중앙비야則四方中央備也.)"라고 하였다.

41　졸저, 『정역이해正易理解』 상생출판, 2016. 46쪽
42　정역正易의 도역생성원리倒逆生成原理란? 먼저, 도생역성倒生逆成은 십十에서 거꾸로 시작해서 일一에서 거슬러 이룬다는 것을 말한다. 이때, 생生은 시始요, 성成은 종終을 의미한다.(하도河圖의 순順작용) 다음으로 역생도성逆生倒成은 일一에서 거슬러 시작해서 십十에서 거꾸로 이룬다는 것이다.(낙서洛書의 역逆작용)

다음으로, 『정신철학통편』에서는 일적십거一積十鉅에 대하여 다음과 같이 설명하고 있다. 사물이 비롯하는 천일일天一一의 일一부터 사물을 성취하는 인일삼人一三의 일一까지 그 일一이 쌓여서 근원根源인 십十이 된다는 것을 십수十數를 중심中으로 하는 하도河圖의 도상圖上을 근거로 인용하여 다음과 같이 설명하고 있다. "북일北一은 서구西九를 얻어서 십十이 되고, 서사西四는 북육北六을 얻어서 십十을 이루고, 동삼東三과 남칠南七 또한 그러하니 그 수가 널리 퍼져서 생성生成됨은 지대하다고 하겠으며, 거鉅는 거대하다는 뜻이다."[43]라고 밝히고 있다.

따라서 이상의 논거를 종합하여 분석해 볼 때 일적십거一積十 鉅란, 만물생성의 근원인 태극太極을 상징하는 일一이 분열하고 쌓여서 모든 것을 다 갖춘 거대한 십十, 무극無極을 이룬다는 것이다.

이것을 하도河圖·낙서洛書의 상수象數로 살펴보면 1·9, 2·8,

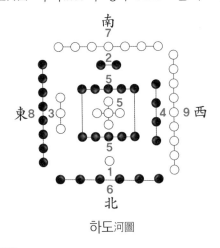

南
7

5

東8 3   5   4 9 西

5

1
6
北

하도河圖

43   전병훈全秉薰, 『정신철학통편精神哲學通編』, "일적십거一積十鉅 근주謹註 "북일득 서구이성십北一得西九而成十, 서사득북육이성십西四得北六而成十, 동삼남칠역 유행생성대의재거대야東三南七亦流行生成大矣哉鉅大也."

3·7, 4·6의 상극 질서인 낙서원리가, 십十을 중심수로 하여 1·6, 2·7, 3·8, 4·9, 5·10을 표상하는 하도河圖의 상생질서인 십수十數의 이상세계를 지향하고 있음을 밝히고 있다.

이 내용을 『정역』의 금화교역金火交易과 선후천변화의 관점에서 그 상관성을 살펴보자. 『정역』에서는 『주역』의 설괘편 제6장의 경문을 통해 정역팔괘도正易八卦圖를 논증함으로써 소강절邵康節의 선후천관先後天觀을 비롯한 기존의 선후천관先後天觀과는 달리 새로운 선후천관을 제시하였다.

『정역』에서는 하도·낙서의 금화교역원리를 통해서 선후천변화를 설명하고 있다. 하도·낙서의 도상圖上은 천지지수天地之數인 음양기우수陰陽奇遇數로써 구성되어 역도易道를 표상하고 있다. 수數란 진리를 자각하여 표상체계로 드러낸 상징체계이다. 특히 하도·낙서와 수數는 역도易道의 표상체계인 철학적 이수理數로서 매우 중요한 의미를 가진다고 할 수 있다.[44] 그렇다면 『정역』에서 밝히고 있는 금화교역金火交易은 어떤 철학적 함의

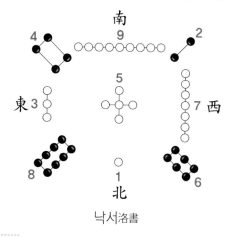

낙서洛書

---

44 졸고, 「정역의 금화교역과 선후천변화원리에 관한 연구」, 『동서철학연구』 제83집 2017. 106쪽

를 가지고 있는가?

『정역』제4장의 금화일송金火一頌에서는 금화교역金火交易으로 인해 선후천先后天 변화가 이루어짐을 다음과 같이 밝히고 있다.

"성인이 도를 드리우시니 금화의 이치가 밝음이로다. 장군이 여러모로 계획하고 궁리하여 숫대를 움직이니 수토가 평平하구나. 농부가 호미를 씻으니 한 해의 공이 이루어짐이로다. 화공이 붓을 물리치니 뇌풍이 생함이로다."[45]

금화일송金火一頌의 내용을 살펴보면 첫째, 성인이 도道를 내리신다는 것은 하늘의 뜻을 자각한 성인들이 역도易道를 자각하여 금화교역金火交易의 이치를 밝혔다는 것이다.

둘째, 장군將軍은 성인의 대리 격으로 여러모로 계획하고 궁리하여 오행五行의 변화작용인 상생相生과 상극相剋을 주관하므로 이것을 장군에 비유한 것으로 보인다.

셋째, 만물생성변화를 1년 농사에 비유하여 선후천先后天의 변화가 이루어짐을 밝히고 있는 것이다. 그리고 금화이송金火二頌에서는 금화교역의 내용과 과정을 다음과 같이 밝히고 있다.

"황극의 큰 진리가 하늘의 마음을 당하고 깨달으니, 기氣는 동북東北의 삼팔三八·일육一六에서 굳게 지키고, 이理는 서남西南의 사구四九·이칠二七에서 통한다. 경금庚金

---

45 『정역』제4장 후편, "성인수도聖人垂道, 금화면金火明. 장군운수將軍運籌, 수토평水土平. 농부세서農夫洗鋤, 세공성歲功成. 화공각필畵工却筆, 뇌풍생雷風生."

은 구九로서 기氣가 찼고, 정화丁火는 7이로되 수가 비어 있음이로다."[46]

  이는 인간(황심皇心)이 하늘(천심天心)의 뜻을 깨달았다는 것이다. 그리고 하도·낙서에서 동방東方인 3·8목과 북방北方의 1·6수水는 불변으로 그 자리를 지키고 있는 반면에 2·7화火와 4·9금金은 서로 위치를 바꿔 통한다는 것이다.[47] 즉 낙서洛書로 보면 남방南方에 가을 을 상징하는 4·9금金이 와 있고, 서방西方에 2·7화火가 자리하여 우주변화를 조절하고 있는 것이다.

  『정역』에서는 상기의 내용을 아래 도상과 같이 하도河圖와 낙서洛書에서의 금金과 화火의 위치가 서로 바뀌는 것을 금화교역金火交易이라고 한 것이다.[48]

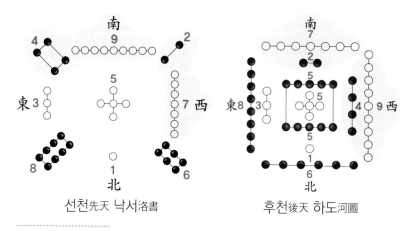

선천先天 낙서洛書   후천後天 하도河圖

---

46 『정역』제5장, 전편, "오황대도당천심吾皇大道當天心, 기동북이고수氣東北而固守, 이서남이교통理西南而交通, 경금구이기영庚金九而氣盈, 정화칠이수허丁火七而 數虛.

47 졸고, 「정역의 금화교역과 선후천변화원리에 관한 연구」, 『동서철학연구』제83집 2017. 107쪽

48 같은 논문 109쪽

일적십거一積十鉅를 『정역』의 금화교역金火交易 관점에서 살펴보면, 일一에서 거슬러 시작하는 낙서洛書의 상극相剋시대에서 십十에서 거꾸로 시작해서 이루는 하도河圖의 상생相生시대가 열린다는 것을 의미한다. 즉 일적십거一積十鉅는 십수十數의 이상세계로 선후천 변화가 이루어지는 천지인天地人 삼극三極의 전개과정을 밝히고 있다고 할 수 있다.[49]

2) 무궤화삼 無匱化三[50]

무궤화삼無匱化三을 앞 구절의 일적십거一積十鉅와 연결하여 해석하면 천지인天地人 삼극三極의 전개과정에서 궁핍함(다함)이 없이 삼三으로 조화를 이룬다는 것이다. 이 구절에 대해서 좀 더 구체적으로 살펴보자.

가) 무궤無匱

『정신철학통편』에서는 "천지天地의 수가 십오十五를 이루니 큰 조화가 널리 퍼져서 그치지 않고, 천지인天地人을 모두 포함하여 생물들이 화육化育됨이 어느 때나 궁핍함을 받지 않으므로 모자라는 때가 없다. 그러므로 궁핍이라 말함이니, 작게는 하루에서 한 달, 일 년까지를 말하고, 크게는 원회운세元會運歲의 조화이니 어찌 궁핍할 때가 있겠는가. (그러므로) 궤는 궁핍이다."[51]라고 하였다. 이는 무궤無匱를 궁핍함이 없다는

---

49 『정역』 제3장 후면, "천지의 도는 그 수가 10에서 그침이니라. (천지지도天地之度 수지호십數止乎十"

50 『농은 유집』본에서는 화삼化三을 화종化從으로 전하고 있다.

51 전병훈全秉薰, 『정신철학통편精神哲學通編』, "천지지수성십오칙대화유행불식天地之數成十五則大化流行不息, 함삼생물지화무시궤핍고운야函三生物之化無時匱

의미로 해석하고 있는 것으로 보인다. 그리고『정신철학통편』에서 말하는 십오十五를 하도河圖·낙서洛書의 관점에서 살펴보면, 십오十五는 천도天道를 상징하는 하도河圖의 중심 수인 십十과 오五이고, 오五는 지도地道를 상징하는 낙서洛書의 중심수이다. 그러므로 천지지도의 섭리는 지경이 없다는 의미로 해석할 수 있다.[52)]

따라서 무궤無匱란 무극无極의 본원적인 역할이 궁핍함이 없는 무한의 지경이나 한량없음을 나타내는 의미로 설명할 수 있다.

나) 화삼化三

화삼化三의 의미를 화化와 삼三으로 나누어 살펴보면 다음과 같다. 먼저, 화化는『주역』도처에서 조화를 통한 음양陰陽의 변화를 의미하고 있다. 또한 일반적으로도 될 화化는 조화의 의미를 가지고 있다.

다음으로 삼三에 대하여『주역』에서는 조화와 균형을 의미한다.[53)] 즉 삼三이란 우주만물의 조화와 안정이라는 의미를 가지고 있다. 그리고『천부경』다섯 번째 구절 천이삼天二三 지이삼地二三 인이삼人二三에서 삼三은 우주만물의 조화를 통해 천지인天地人이 변화함을 천명하고 있다.

따라서 무궤화삼無匱化三의 의미는 무극无極의 경계처럼 지경

乏故云也. 소이일일일월일세小而一日一月一歲, 대이원회운세조大而元會運世造, 화유행안유궤핍지시호化流行安有匱乏之時乎, 궤핍야匱乏也."

52　『정역』에서는 십十은 십무극十无極이며, 오五는 오황극을 의미한다고 밝히고 있다.

53　『주역』, 산택손괘山澤損卦, 육삼六三「효사爻辭」, "육삼六三, 삼인행三人行, 즉손일인則損一人, 일인행一人行, 즉득기우則得其友."

地境이 없이 우주만물의 존재원리를 통해 천지인天地人의 조화를 이룬다는 것이다.

무궤화삼無匱化三의 내용을 『정역』의 측면에서 살펴본다면 일태극一太極과 오황극五皇極 그리고 십무극十无極의 삼극원리三極原理가 팔괘八卦의 원리를 통하여 공간에서는 생장성生長成 원리로 드러난다고 말한다. 다시 말하면 무극无極, 황극皇極, 태극太極의 삼극지도三極之道가 삼재지도三才之道로 드러나서 천지인天地人의 조화와 변화를 이룬다는 의미로 해석할 수 있다.

마. 『천부경』「상경上經」의 결론結論

『천부경』「상경上經」 내용을 살펴보면 다음과 같은 결론結論을 내릴 수 있다.

첫째, 만물생성의 근원이 태극太極이며, 태극太極은 무극無極에서 비롯되었음을 설명하고 있다. 즉 태극太極에서 천지인天地人으로 나누어졌다는 것이다. 그리고 하나一를 삼극三極인 하늘과 땅과 사람으로 나누어도 그 근본은 다함이 없고, 결코 줄어들지 않는다는 것을 표상하고 있다. 달리 말하면 만물생성의 근원인 우주의 생명력은 줄어들거나 고갈되는 것이 아님을 천명하고 있다.

둘째, 일一에서 십十까지의 상수象數원리를 통해서 우주만물의 변화원리의 전개과정을 설명하고 있다.

셋째, 무극無極은 태극의 근원자리로서 지경이 없고, 궁핍함이 없다는 것이다. 그리고 사람이 천지天地의 조화와 변화를 이룬다는 것이다.

따라서 『천부경』의 상경上經은 천지의 조화를 통한 우주만물의 생성원리와 그 전개과정인 우주론에 대해 설명하고 있다고 볼 수 있다.

一 始 無 始 一

3

『천부경』

「중경」의
中 經

주해
註 解

一 終 無 終 一

3.
『천부경』「중경中經」의 주해註解

『천부경』「중경中經」에서는 다음과 같이 밝히고 있다.

天二三이오 地二三이오 人二三이니라
천 이 삼   지 이 삼   인 이 삼

大三合六하야 生 七八九하고
대 삼 합 육   생   칠 팔 구

運三四하야 成環五七하니라
운 삼 사   성 환 오 칠

▶運(돌 운) ▶成(이룰 성) ▶環(고리 환)

하늘은 음양陰陽이라 셋이요, 땅은 강유剛柔라 셋이요, 사
람은 인의仁義라 셋이요. 큰 셋이 합하여 육六이니, 칠七,
팔八, 구九가 생한다. (천지만물은) 삼三과 사四로 운행하
여 오五를 (체로 하여) 칠七을 통해서 (변화원리의) 순환
하여 (원圓=십十)이룬다.

위 구절의 요지는 삼극三極의 질서와 대삼합大三合을 통해서
칠팔구七八九가 생生함을 말한다. 그리고 삼三과 사四가 운행運行
이 되고, 오五를 체體로 하여 칠七(용用)을 통해서 순환을(고리=
원圓) 이룸을 설명하고 있다. 이에 대하여 구체적인 철학적 함
의를 살펴보자.

가. 천이삼天二三 지이삼地二三 인이삼人二三

천지인天地人이 모두 이二라는 것을 『주역』의 겸삼재양지兼三才兩之원리의 측면에서 살펴보면, 하늘은 음양陰陽, 땅은 강유剛柔, 사람은 인의仁義로 구성되어 있다고 한다.[54] 그리고 이것은 육효중괘六爻重卦를 통해서 천지인天地人의 지극한 이치를 드러내고 있음을 말하고 있다.[55] 그리고 겸삼재이양지兼三才而兩之 원리를 도식화하여 설명하면 아래와 같다.

○겸삼재양지兼三才而兩之 원리

	삼효단괘 三爻單罫		육효중괘 六爻重卦	효위 爻位
천天	▬▬	양지 兩之	▬ ▬	상효上爻
			▬▬	오효五爻
인人	▬▬		▬ ▬	사효四爻
			▬▬	삼효三爻
지地	▬▬		▬ ▬	이효二爻
			▬▬	초효初爻

이처럼 대삼합육大三合六의 삼합三合을 겸삼재양지兼三才而兩之 원리의 측면에서 결부시켜 설명할 수 있다.

---

54 『주역』, 「설괘」편 제2장, "시이입천지도왈음여양是以立天之道曰陰與陽, 입지지도왈유여강立地之道曰柔與剛, 입인지도왈인의立人之道曰仁與義, 겸삼재이양지兼三才而兩之, 고역육화이성괘故易六畫而成卦."

55 『주역』, 「설괘」편 제2장, "석자성인지작역야昔者聖人之作易也. 장이순성명지리將以順性命之理, 시이입천지도왈음여양是以立天之道曰陰與陽, 입지지도왈유여강立地之道曰柔與剛, 입인지도왈인여의立人之道曰仁與義, 겸삼재이양지兼三才而兩之, 고역육획이성괘故易六畫而成卦, 분음분양分陰分陽, 질용유강迭用柔剛, 고역육위이성장故易六位而成章."

『천부경天符經』「상경上經」의 두 번째 절에서 '석삼극析三極'을 강조하고 있다면, 『천부경』「중경中經」 두 번째 절에서는 '대삼합육大三合六'을 강조하고 있다. 이 말은 태극太極은 천지인天地人으로 나누어지고 천지인天地人이 다시 음양陰陽으로 나뉘어서 육효六爻로 드러나는 천지인天地人의 지극한 이치를 알고서야 비로소 우주만물宇宙萬物의 생성生成 이치理致를 이해할 수 있다는 의미로 보여진다.[56] 그렇다면 천이삼天二三 지이삼地二三 인이삼人二三에 대한 구체적인 의미를 살펴보자.

1) 천이삼天二三

천이삼天二三을 『주역』의 관점에서 보면 하늘에도 둘이 있어 삼三으로 조화를 이룬다는 것이다. 다시 말하면 하늘에는 음양陰陽이 있으니 셋이라는 의미이다. 하늘의 섭리는 시간적인 의미의 음양陰陽으로 드러나 하나의 체體가 된다.

따라서 천도天道가 음양陰陽으로 드러나 삼三이라는 수數를 통해서 조화調和를 이룬다는 의미에서 천이삼天二三이라 한 것으로 보인다.

2) 지이삼地二三

지이삼地二三을 『주역』의 관점에서 보면 천이삼天二三에 이어서 땅에도 둘이 있어 삼三이 된다는 것이다. 다시 말하면 땅에는 강유剛柔가 있으니 셋이라는 것이다. 『주역』「설괘」편 2장에서 도道가 땅에서는 강유剛柔로 드러남을 언급하고 있다.

---

56 노자老子의 『도덕경道德經』에서도 삼三을 만물생성萬物生成의 의미로 본다.

따라서 땅의 이치는 공간적인 의미의 강유剛柔로서 지이地二
가 드러나 삼三으로 조화를 이룬다는 것이다. 이것이 지이삼地
二三의 의미라고 할 수 있을 것이다.

3) 인이삼人二三

인이삼人二三을 『주역』의 관점에서 보면 사람에게도 둘이 있
어 삼三이 된다. 도道가 사람에게는 인의仁義로 드러나니 셋이
라는 것이다. 이것을 인사적人事的으로 보면 부모가 있어 자식
을 생산한다. 그리고 『주역』 산택손괘에서는 "세 사람이 행
함에 한 사람을 덜어내고, 한 사람이 행함에 곧 그 벗을 얻는
다."[57]라고 하여, 셋은 다시 둘이 되고, 하나는 벗을 얻어 둘을
이루는 음양陰陽의 균형과 조화의 의미로 설명하고 있다.

하늘의 작용도 하나(일一)가 생겨남은 양자兩者의 상응相應이
있어야 하고, 땅의 작용도 하늘의 섭리를 이어받아 음陰과 양
陽의 화합和合이 있어서 하나(일一)가 탄생하게 되는 것이다. 음
양을 통하여 조화와 균형을 이루어 나가게 된다는 것이다. 인
간도 마찬가지라고 할 수 있다.

따라서 이것이 인이삼人二三의 이치이다. 천지인天地人의 변화
가 음양陰陽을 통해서 화합和合과 조화調和를 이루어간다는 것
을 설명하고 있다. 즉 음양(이二)의 조화를 통해서 삼三이 탄생
한다는 것이다.

----

57 『주역』, 산택손괘山澤損卦, 「육삼六三효사爻辭」, "육삼六三, 삼인행三人行, 즉손
일인則損一人, 일인행一人行, 즉득기우則得其友."

나. 대삼합육大三合六 생生 칠팔구七八九

1) 대삼합육大三合六

대삼합육大三合六이란, 큰 셋이 합하여 육六이 된다는 것이다. 또한 앞 구절에서 대삼합육大三合六을 『주역』의 겸삼재양지兼三才而兩之 원리와 결부시켜 보았다. 천지인天地人이 음양陰陽으로 나뉘어 육효중괘六爻重卦를 이룸으로써 하늘의 뜻을 드러내고 세상을 이롭게 하듯이 천지인天地人이 합合하여 육六을 생生하는 의미를 살펴보았다.

『천부경天符經』은 1부터 10까지 수數로써 천도天道의 내용을 천명하고 있다. 『주역周易』에서도 수數를 통해서 천도天道를 표상하고 있다. 천도天道의 상징 체계가 천지지수天地之數이다. 즉 수數는 천도天道의 표상방법 중 하나인 것이다.[58]

대삼大三은 천지인天地人을 의미한다. 이것을 수리數理의 측면에서 살펴보면, 천天의 수 일一과, 지地의 수 이二와, 인人의 수 삼三을 합合하면 육六이 됨을 알 수 있다. 그리고 공간의 측면에서는 동서東西와 남북南北의 사방四方에 상하上下를 더하여 육六이 됨을 확인할 수 있다. 또한 이것은 천지인天地人이 음양으로 나누어져서 합合해질 때 우주宇宙의 영원永遠한 생명수生命數인 육수六數가 생성生成된다는 의미로도 볼 수 있을 것이다. 그렇다면 육六에 대한 철학적인 함의를 살펴보자?

---

58 『주역』「계사」상편 제10장, "역유성인지도사언易有聖人之道四焉, 이언자상기사以言者尙其辭, 이동자상기변以動者尙其變, 이제기자상기상以制器者尙其象, 이복서자상기점以卜筮者尙其占."

가) 육六의 의미

中	本	衍	運	三	三	一	盡	一
天	本	萬	三	大	天	三	本	始
地	心	往	四	三	二	一	天	無
一	本	萬	成	合	三	積	一	始
一	太	來	環	六	地	十	一	一
終	陽	用	五	生	二	鉅	地	析
無	昂	變	七	七	三	無	一	三
終	明	不	一	八	人	櫃	二	極
一	人	動	玅	九	二	化	人	無

첫째, 『천부경天符經』에서 육六은 81자의 중앙中央에 자리잡고 있다. 육六을 기준으로 전후前後에 40자씩 배열되어 있어 『천부경天符經』 전체의 중심수로서 위상을 지니고 있다고 할 수 있다. 그리고 『천부경天符經』의 1에서 10까지의 수數는 홀수와 짝수의 음양기우수陰陽奇偶數로 구성되어 있다. 『주역周易』의 관점에서 보면 1에서 5는 생수生數요, 6에서 10은 성수成數이다. 1, 3, 5, 7, 9는 양수陽數로서 천수天數요, 2, 4, 6, 8, 10은 음수陰數로 지수地數이다. 즉 육六은 성수成數의 첫 수로 칠七·팔八·구九를 전개하여 십十을 향해 나아가는 매개체로서 의미가 있다고 할 수 있다.

둘째, 『주역周易』 곤괘坤卦의 용육用六원리에서 육六의 의미를 밝히고 있다. "육六을 사용함에 영원히 바르게 하면 이롭다."[59]

---

59   『주역』, 곤괘坤卦, "용육用六, 이영정利永貞."

라고 하였다. 이 용육用六에 대한 구절을 살펴보면, 건괘乾卦가
건원용구乾元用九 원리를 천명하고 있는 반면에, 곤괘坤卦에서
는 용육원리用六原理를 언급하고 있다. 건도乾道는 하늘을 상징
하는 십十을 체體로 하여 구九로써 작용한다는 것이며,[60] 반면
에 곤도坤道는 하늘의 수인 오五를 체體로 하여 육六으로 작용함
을 밝히고 있다.

그렇다면 용구用九와 용육用六은 어떤 상관성을 가지고 있는
가? 하늘과 땅의 작용을 용구用九와 용육用六으로 나타낸 것이
다. 이것을 체용體用의 관계로 보면 건도乾道의 용구用九가 체體
가 되고, 곤도坤道의 용육用六은 용用의 성격을 가지고 있다. 즉
곤도坤道는 건도乾道를 근원으로 하여 작용한다는 것이다.

곤괘坤卦 용육用六「소상사」에서는 "육用을 씀이 영원히 바르
게 함은 끝을 성대히 하는 것이다.(용육영정이대종야用六永貞以
大終也)"[61]라고 하였다. 여기서 용육用六의 의미는 건도乾道를 공
간에서 실천해야 한다는 의미이다. 즉 곤도坤道는 건도乾道에
순종해야 한다는 것이다. 건도乾道에 순종하는 용육원리用六原
理가 영정永貞이라고 밝히고 있다. '영정永貞'은 영원한 진리요,
영원永遠의 세계를 의미한다.[62] 그리고 이것을 '대종야大終也'라
고 하여 용구用九와 용육用六의 상관성에 대해 밝히고 있다. 대
大는 건乾의 작용으로서 곤괘坤卦는 건乾의 작용을 받아 결실을

---

60 『주역』, 건괘乾卦, "용구用九, 천덕天德 불가위수야不可爲首也."

61 『주역』, 곤괘坤卦, 용육用六「상사象辭」

62 용육用六의 영정永貞은 건도乾道에 영원한 올바름을 의미한다. 영원永遠은 인간
의 인격성과 통해야 한다. 천지天地의 인격성과 인간人間의 인격성이 마음으로 하
나 되어 통해야 하는 것이다. 이를 실존적인 인간의 주체적 자각이라고 할 수 있다.
나의 주체성의 자각을 통하여 천지의 인격성과 일체화 될 수 있다. 이것이 영원불
멸의 진리임을 말하고 있다.

맺어야 유종有終이 된다고 한 것이다.

이것을 『정역』에서는 체오용육원리體五用六原理로써 인도人道가 공간空間에서 발현이 됨을 말하는데 오五를 체體로 하고 육六을 용用으로 쓴다는 것이다.

셋째, 육六을 오행五行으로 보면 천지인天地人이 하나가 되어 큰마음이 열릴 때 우주宇宙의 생명수生命數인 일육수一六水가 겨울의 상징인 북방에서 열린다. 그리고 수水는 목木으로 운행運行되어 새로운 봄을 창조하므로 종시적終始的인 의미를 가지고 있다. 즉 우주만물의 순환과정이 시작됨을 설명하고 있다.

넷째, 『관자』에서는 "육六은 지키는 것이요, ~~(중략)~~ 인도人道는 육六으로 마름질하는 것이다"[63]라고 하였다.

다섯째, 『정신철학통편』에서는 "큰 셋이 합하여 육六이 된다는 것은 삼양三陽이 음陰과 만나서 육六이 되었다고 말한다."[64]라고 밝히고 있다.

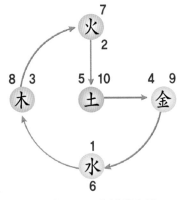

하도河圖의 상생순환

<hr />

63 『관자管子』, 「오행제사십일五行第四十一」, "수자륙야守者六也 ~(중략)~ 인도이륙제人道以六制"

64 전병훈, 『정신철학통편』, "대삼합육자즉삼양교합육음운야大三合六者卽三陽交合六陰云也." 35쪽

이상의 내용을 종합해 볼 때 큰 셋이 합하여 육六이 된다는 대삼합육大三合六이란 큰 셋을 의미하는 천지인天地人이 음양陰陽으로 구성되어 있다는 것이다. 이것을 『주역』의 겸삼재 원리에서 그 근거를 살펴보았듯이, 천지인天地人 삼재三才를 양지兩之하면 그 합이 육六이 되어 육효중괘 구성원리를 표상하고 있는 것이다. 다시 말하면 삼三을 상징하는 천지인天地人이 음양陰陽으로 나누어져서 육六을 이루고 이로써 천지인天地人의 지극한 이치가 공간으로 드러나게 된다.[65]

다시 말하면, 육六은 천도天道를 근원으로 하여 공간에서 곤도坤道를 전개하는 공간적인 의미를 가지게 되고, 이를 바탕으로 인도人道의 실천적인 의미가 드러나게 되는 것이다.

	삼효단괘 三爻單卦		육효중괘 六爻重卦	효위 爻位	정위 正位
천天	▬▬	양지 兩之	--	상효上爻	음陰
			—	오효五爻	양陽
인人	▬▬		--	사효四爻	음陰
			—	삼효三爻	양陽
지地	▬▬		--	이효二爻	음陰
			—	초효初爻	양陽

겸삼재양지兼三才而兩之 원리와 육효중괘

이러한 논리를 『정역正易』에서는 '체오용육원리體五用六原理'라고 한다. 하늘의 수인 오五를 체體로 하여 공간空間에서 육六으로 작용作用한다는 것이다.

나) 오五와 육六의 철학적인 함의

체오용육원리體五用六에 대해서 살펴보았는데, 『천부경』의 칠팔구七八九의 의미를 구명究明하기 앞서서 먼저 오五와 육六의

---

65   육六을 불가佛家의 논리로 보면 육바라밀사상과 결부시킬 수도 있다.

의미를 살펴볼 필요가 있다.

오행五行과 수리 체계의 관점에서 오五와 육六을 정리한 아래 도표를 살펴보자. 수화목금水火木金의 1, 2, 3, 4가 중앙 5토土와 서로 합습함으로써 육六을 시작으로 칠七·팔八·구九를 생하는 것을 볼 수 있다.

수水	화火	목木	금金	토土
1	2	3	4	
				5
6	7	8	9	

『주역』「계사」상편 제9장 천지지수절에서는 1·3·5·7·9는 기수奇數로서 천수天數요, 2·4·6·8·10은 우수偶數로서 지수地數로 규정하고 있다.

1	2	3	4	5	6	7	8	9	10
생수生數					성수成數				

오五는 시간時間을 공간空間으로 드러내는 매개적 역할을 하는 수이다. 오황극五皇極이 중심이 되어 천도天道가 지도地道로 드러나게 하는 매개체 역할을 하는 것이다. 그리고 오五에 일一씩 더해 가면서 오행五行의 연결고리를 하는 육六이 칠七·팔八·구九를 생할 수 있게 된다.

이것이 오五를 체體로 하여 육六으로 작용한다는 것이다. 이 과정에서 육六은 칠팔구七八九를 통해서 우주만물의 순환변화 과정을 드러낸다. 그렇다면 육六이 칠팔구七八九를 생生하는 칠학적인 함의는 무엇인지 살펴보기로 하자.

2) 생生 칠팔구七八九

천지인天地人 음양陰陽의 합합을 의미하는 대삼합육大三合六의 육六에서 칠七(장長)·팔八(생生)·구九(수收)를 생생한다는 것이다. 즉 생生 칠팔구七八九는 생성生成의 기본원리를 수數로 나타낸 것이라 할 수 있다. 다시 말해 육六은 생生하거나 팽창한다는 의미를 가지고 있다는 것이다. 생生과 칠七·팔八·구九의 구체적인 의미를 다음과 같이 살펴볼 수 있다.

가) 생生의 철학적 의미

『주역』「계사」편에서는 생생에 대하여 "낳고 낳는 것을 일러 역이라고 이른다."[66]라고 하였다. 이 때 생生의 의미는 주역의 시간관을 설명하고 있다. 전자前者의 생生은 물리적 존재, 육신의 생명이며, 후자後者의 생生은 시간적 존재, 형이상의 생명이다. 생생生生함이 하늘의 뜻이며, 이는 영원성을 의미한다. 왜냐하면 음陰은 양陽을 생生하고, 양陽은 음陰을 생生하여, 생성의 변화를 끊임없이 반복反復(생성·변화)하는 것이 역의 이치이다. 역易에서는 태극太極 ➡ 양의兩儀 ➡ 사상四象 ➡ 팔괘八卦 ➡ 64 괘로 만물이 생生한다고 밝히고 있는 것이다.

『황극경세서皇極經世書』에서는 생생에 대하여 "역易의 역易은 낳고 낳음이라 하고, 역易의 서書는 낳고 기름이라 하며, 역易의 시詩는 낳고 거두는 것이라 하고 역易의 춘추春秋는 낳고 간

---

66   『주역』, 「계사」하편 제5장, "생생지위生生之謂 역易"

직하는 것이라 한다."[67]라고 하였다. 『황극경세서皇極經世書』에서는 생生의 의미를 낳고, 기르고, 거두고, 간직함의 의미로 해석하고 있다.

생生이란 단순히 낳는다는 의미에 국한 된 것이 아니라 주재·섭리하고, 드러냄의 의미를 가지고 있다고 할 수 있다. 대삼합육大三合六의 전개과정과 밀접한 관계를 가지고 있는 것으로 보인다. 즉 육六을 매개하여 대삼大三(천지인天地人)의 진리를 공간에서 전개하는 역할을 하는 것이다. 칠팔구七八九의 철학적 함의는 어떤 것인가를 구체적으로 살펴보자.

나) 칠七의 철학적 의미

칠팔구七八九의 칠七에 대한 경전經典의 견해는 다음과 같다.

『한서율력지漢書律曆志』에서는 "칠七이란 천지天地와 사시四時(봄·여름·가을·겨울)와 사람의 시작이다."[68]라고 하였다. 이 말은 칠七에서 천지天地가 사시四時를 통해서 드러나기 시작하고, 이와 더불어 사람을 포함한 만물의 시작이 이루어진다는 것이다.

『관자管子』「오행五行」에서는 "칠七로써 세운다."[69]라고 하였다.

「유관幼官」에서는 "칠七을 들어서 안팎으로 씀을 이른다."[70]

---

67   소강절邵康節, 『황극경세서皇極經世書』, 「관물내편지사觀物內篇之四」, "역지역자易之易者, 생생지위야生生之謂也. 역지서자易之書者 생장지위야生長之爲也. 역지시야易之時也, 생목지위야生牧之謂也, 역지춘추자易之春秋者, 생장지위야生藏之謂也."

68   『한서율력지漢書律曆志』, "칠자천지사시인지시야七者天地四時人之始也."

69   『관자管子』, 「오항제사십일五行第四十一」, "입자칠야立者七也."

70   『관자管子』, 「유관幼官」, "칠거이내외위용七擧而內外爲用."

라고 하였다. 이 말은 동서남북東西南北 상하上下를 칠七로서 주관한다는 의미로 보인다.

오행五行의 측면에서 보면 이화二火에 오토五土가 결부되어 칠화七火를 이룬다고 할 수 있다. 문왕팔괘도文王八卦圖에서 화火는 남방南方의 이괘離卦로서 밝음과 진리를 상징한다.

상기의 논거와 『천부경』의 내용을 분석하면, 칠七은 만물萬物의 형성이 본격화되는 광명光明의 수數라는 의미를 부여할 수 있다. 『주역』의 측면에서 볼 때, 십十을 향해서 나아가는 과정의 수數로 볼 수 있다.[71] 그리고 『천부경』의 핵심적인 내용이 천지인天地人의 합일合一이므로 천지지도天地之道를 본받아서 인간이 만물萬物을 섭리하는 문물제도를 만들기 시작하는 수리數理의 의미가 바로 칠七이라 할 수 있다.

문왕팔괘도

----

71   『주역周易』「계사」상 제9장에서는 "하늘은 칠七이요, 땅은 팔八이요, 하늘은 구九요, 땅은 십十이다(천칠天七 지팔地八 천구天九 지십地十)"라고 하였다. 팔八은 소음수少陰數로서 지수地數라는 것이다.

다) 팔八의 철학적 의미

팔八에 대한 경전經典의 견해는 다음과 같다.

『주역』에서 보면 하늘의 뜻을 자각한 성인聖人이 팔괘八卦를 기본으로 64괘를 제시하였다. 이를 통해서 하늘의 뜻을 공간으로 드러내어 길흉을 밝히고, 인간이 나아갈 바를 제시하였던 것이다. 그리하여 하늘의 법칙으로 인간의 문물제도를 만들어 천인합일天人合一을 이루고자 하였던 것이다. 팔수八數의 철학적 함의는 이와 같이 하늘의 뜻을 공간으로 드러내어 인문人文을 밝힌다는 의미로 보여진다.

이에 『관자管子』에서는 "지리地理는 팔八로써 마름질 한다."[72]라고 하였다. 이 말은 땅의 속성을 드러내는 것으로 팔八로써 사방四方과 좌우左右·상하上下의 공간 전부를 짓는다는 뜻으로 보인다.

따라서 팔八의 의미는 하늘의 법칙을 인간의 법칙(문물제도)으로 마름질하여 공간에 드러냄으로써 천지인天地人이 합일合一하는 철학적인 의미를 지니고 있다고 할 수 있다.

라) 구九의 철학적 내용

구九에 대한 경전經典의 내용을 살펴보면 다음과 같다.

먼저, 『주역』 건괘乾卦에서는 "건乾의 원기는 구九를 사용하여 천하를 다스린다.[73]"라고 하였다. 그리고 건괘乾卦 「문언文言」에서 "건乾의 원기로 구九를 사용함은 마침내 하늘의 법칙을 보는 것이다."[74]라고 하였다. 이것은 하늘의 작용은 체십용구

---

72   『관자管子』, 「오항제사십일五行第四十一」, "지리이팔제地理以八制"
73   『주역周易』, 건괘乾卦, "건원용구乾元用九 천하치야天下治也"
74   『주역周易』, 건괘乾卦, 「문언文言」 "건원용구乾元用九 내견천칙乃見天則"

體十用九원리에 의해 구九를 통해서 천하를 다스리며, 구九를 사용하는 것이 하늘의 법칙임을 밝히고 있다.

『관자管子』에서도 "천도天道는 구九로써 마름질한다."[75]라고 하였다. 이 말도 역시 천도天道는 구九로써 작용하고 드러난다는 것이다.

『춘추공양전春秋公羊傳』에서는[76] "구九라는 것은 양수陽數를 다한 극한 수數이다.(九者極陽數也)"라고 하였다. 구九는 양수陽數요, 천수天數의 최종수로서 구九를 통해 천도天道를 드러냄을 말하고 있다.

마) 생生 칠팔구七八九의 의미

앞 구절에서 살펴본 근거를 바탕으로 생生 칠팔구七八九의 의미를 살펴보자.

첫째, 공간적인 전개과정[77]을 보면, 먼저 생生 칠팔구七八九를 살펴볼 수 있다. ①사방四方(혹은 전후좌우)에 상하上下를 합해 육六이 나온다. ②위의 육六에 중심점 일一을 더하면 칠수七數요, ③팔八은 동서남북에 전후상하를 합쳐 팔방八方이며, ④구九는 팔방八方에 중심점을 더하면 자연수의 끝인 구九가 생성되는 것이다.[78]

---

75 『관자管子』,「오항제사십일五行第四十一」, "천도이구제天道以九制"

76 『춘추공양전春秋公羊傳』은 『춘추春秋』를 해설한 책이다. 중국 전국 시대에 공양고公羊高가 지었다고 하며, 『좌씨전左氏傳』, 『곡량전穀梁傳』과 함께 춘추삼전春秋三傳의 하나로 모두 11권이다.(민족문화백과사전)

77 이것을 공간적인 전개로 보면 ①사방四方 + 중앙中央 = 오방五方, ②사방四方 + 상하上下 = 육허六虛(육방六方) + 중앙中央 = 칠七이다. ③ 동서남북 + 전후상하 = 팔방八方, ④ 팔방八方+중앙 = 구九를 의미한다고 볼 수도 있다.

78 『증산도의 진리』에서는 "기본수인 육六이 생장성生長性으로 작용하여 생칠팔구生

◎ 육六·칠七·팔八·구九의 공간적인 전개

四方+上下　　　立體物의 完成　　　八方　　　九는 八方을 섭리
前後左右上下

　　둘째, 『정역』의 관점에서 생生 칠팔구七八九를 살펴 볼 수 있
다. 『정역』에서는 "오호라 오늘인가 오늘인가, 육십삼과 칠십
이와 팔십일은 일부一夫에서 하나가 되는구나.(오호嗚呼 금일금
일今日今日, 육십삼六十三, 칠십이七十二, 팔십일八十一)"[79]라고 하
였다. 이 말은 『정역』에서의 용칠用七(7×9=63), 용팔用八(8×
9=72), 용구用九(9×9=81) 작용을 말한다. 즉 칠七·팔八·구九를
각각 하늘의 작용수인 9와 승乘한 합슴이 건지책乾之策인 216
이다. 그리고 칠七(7×6=42)·팔八(8× 6=48)·구九(9×6=54)
를 육六으로 승乘하여 합하면 곤지책坤之策 144가 된다. 건지책
216과 곤지책 144의 합슴이 바로 360이다. 그러므로 생生 칠
七·팔八·구九는 360(원圓)의 천지지도天地之道가 드러나는 과정
임을 밝히고 있다고 할 수 있다.
　　셋째, 사상四象의 측면에서 생生 칠팔구七八九를 살펴보자.
　　먼저, 대삼합육大三合六이 태음太陰(육六)으로서 다른 사상四象

七八九에 이른다. 우주의 중심별이 칠성七星이니 사람의 얼굴에는 칠규七竅가 나
오고, 우주宇宙 시공時空의 근본根本구조가 팔방위八方位나 팔괘八卦로 이루어져
서 우주의 생명인 팔음八陰과 팔양八陽 운동運動이 있게 되는 것이다."(『증산도의
진리』, 상생출판, 276쪽, 2015)

79　『정역』, 제1장 전면

의 전제가 된다. 이를 바탕으로 칠팔구七八九가 생生하는 것을 사상四象의 순환과정으로 보면 소양少陽(칠七), 소음少陰(팔八), 태양太陽(구九)이라는 순환이 아래 그림과 같이 이루어진다.

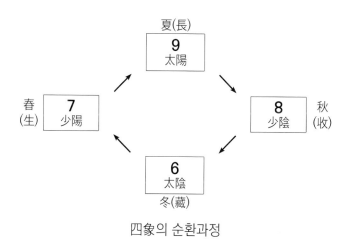

四象의 순환과정

위의 그림을 분석해 볼 때 사상四象의 측면에서도 칠팔구七八九의 의미가 순환 전개과정으로서 의미로 분명하게 드러나고 있다.

따라서 이상과 같은 경전의 내용을 분석하여 생生 칠팔구七八九의 구절을 살펴볼 때, 대삼합육大三合六을 근원으로 칠팔구七八九가 생해가는 과정, 즉 만물이 생성되는 과정으로서의 칠七과 팔八과 구九의 의미를 이해하는 것이 타당하다고 보여진다. 다시 말하면 ①칠七은 만물의 형상을 본격화하는 수이며, ②팔八은 대삼합육大三合六을 근원으로 땅의 이치를 마름질하여 문물제도를 세우는 수數이며, ③구九는 용구작용用九作用을 통해서 천도天道의 작용을 드러내는 수數인 것이다. 즉 하늘은 구九를 통해서 하늘의 법칙을 드러내어 천하를 다스리는 것이다.

이것을 『주역』의 측면에서 살펴보면 천도天道인 원형이정이 시간時間을 통해서 공간空間에서 인예의지仁禮義智로 드러나는 것임을 알 수 있다. 이러한 원리가 공간으로 드러나는 경로가 바로 운삼사運三四 성환오칠成環五七이라 할 수 있다. 그렇다면 이 구절이 가지고 있는 철학적인 함의는 무엇인지 살펴보자.

다. 운삼사運三四 성환오칠成環五七[80]

1) 운삼사運三四[81]

운삼사運三四란, 『천부경天符經』의 핵심적인 내용이라고 할 수 있다. 왜냐하면 천부경天符經의 목적이라고 할 수 있는 인중천지일人中天地一을 이루는 이치가 운삼사運三四에 있기 때문이다. 그렇다면 운삼사運三四가 어떤 과정을 거쳐서 인중천지일人中天地一을 이루게 되는 것인가?

본서에서는 먼저, 운삼사運三四에서 운運의 의미와 삼三·사四에 대한 철학적 함의를 살펴보고자 한다.

가) 운運의 철학적 의미

운運에 대하여 『회남자』에서는 "자미원은 북두칠성으로써 운

---

80 『농은 유집』본에서는 운삼運三을 운충運衷으로 새기고 있다.

81 전병훈全秉薰은 '운삼사運三四 성환오칠成環五七 일묘연一妙衍'과 연결해 보면, '수승화강水昇火降을 통해 이루어진 내단內丹이 인체의 경락을 타고 신묘하게 수만 번 흘러 다니며 (만왕완래萬往萬來) 변화를 이루어도 단丹의 근본은 변함이 없고(용변부동본用變不動本) 마음의 근본이 태양처럼 밝게 빛난다(본심본태양앙명本心本太陽昂明)'로 할 수 있다. 이렇게 하면 뒤에 이어지는 '인중천지일人中天地一'을 천인합일天人合一의 상태로 해석할 수 있어 내단 수련의 순서로 볼 때도 자연스럽다. 전병훈全秉薰은 도교道敎 내단학적內丹學的인 관점에서 운삼사運三四 성환오칠成環五七을 해석하고 있는 것으로 보여진다.

행한다."[82]라고 하였다. 자미원은 북극 하늘에 있는 별들로 북두칠성을 기준으로 운행이 된다는 것이다.

『주역周易』에서도 "해와 달이 운행하여 한번은 춥고, 한번은 덥다.(일월운행日月運行, 일한일서一寒一暑)"[83]라고 하였다. 이 구절에서의 운運이란 일월日月의 운행으로 사시四時가 변화하는 의미로 밝히고 있다. 결국 운運은 천체天體 운행의 의미로 보고 있는 것이다. 운運은 돌 운자이다. 즉 우주만물이 음양陰陽의 조화를 통해 순환운행이 이루어진다는 것이다. 달리 말하면 삼三과 사四로 운행된다는 것이다.

앞서 삼三은 천지인天地人을 의미하고 있음을 살펴보았다. 그렇다면 사四는 어떤 의미를 가지고 있는지 살펴보자.

나) 사四의 철학적 의미

사四의 의미에 대한 경전經典의 내용을 살펴보자.

첫째, 『주역』「계사」편에서는 "태극은 양의를 낳고, 양의는 사상을 낳고"[84]라고 하였다. 태극太極이 공간空間에서 사상四象으로 드러난다는 것이다.

둘째, 『설문해자』에서 "사四는 음의 수요, 상象으로는 네 개로 나눈 모양이다."[85]라고 하였다. 이 구절에서도 사四는 공간으로 드러나는 수數요, 상象임을 밝히고 있다.

---

82   『회남자』, 『천문훈』, "자궁운지이두紫宮運之以斗"이 때 자미원이란? 고대의 별자리는 28수宿 외에 산원三垣으로도 구분했다. 즉 자미원紫微垣·태미원太微垣·천시원天市垣이다. 자미원이란 황하 유역 북쪽 하늘의 북극성을 기준으로 그 주위에 운집해 있는 성운星雲 집단을 말한다.

83   『주역周易』「계사」상편 제1장.

84   『주역周易』「계사」상편 제11장, "태극생양의太極生兩儀, 양의생사상兩儀生四象"

85   『설문해자』"사음수야四陰數也, 상사분지형象四分之形."

셋째, 『설문통훈정성說文通訓定聲』[86]에서는 "네 가지로 나누고, 거기서 일어나는 일을 가리키는 것이다."[87]라고 하였다. 이는 사四의 의미를 동서남북東西南北 4가지(사방四方)로 나누고, 사방四方에서 일어나는 일을 의미하는 것으로 보인다.

넷째, 『정신철학통편』에서는 운삼사運三四에 대하여 "사람의 몸속에 삼목三木의 일日(양陽)과 사금四金의 월月(음陰)이 운용한 것은 마침내 도가道家에서 오행五行을 거꾸로 꾀함(방법)이다. 삼목三木은 화火를 낳고, 화火는 이괘離卦(☲)가 되며, 이화離火(☲)의 가운데는 수水이니 이것을 진수眞水라고 한다.(소위 용龍이 화火의 안에서 진수眞水를 좇아 나오는 것이다.) 사금四金이 수水를 낳으며, 수水는 감(☵)이 되고, 감坎(☵)속에는 화火(☲)가 있는데 이것이 진화眞火이다.(범은 수水 속에서 〈진화眞火를〉 향해 나오는 것이다.) 이 진수眞水와 진화眞火가 뜻으로써 오르고 내린다. (뒤에서 오르고, 앞에서 내리는 것을 자子에서 오르고, 오午에서 내린다고 말한다.) 오래도록 이루면 단丹을 이루고, 선仙을 이룬다. 그러므로 삼사三四가 순환한다고 한 것이다.(왼쪽은 올라가고, 오른쪽은 내려가고, 오른쪽은 올라가고, 왼쪽은 내려오는 것을 묘서운용卯西運用이라고 말한다.) 운運은 이로써 곧 운행의 참뜻이다."[88]라고 하였다.

---

86 중국 주준성朱駿聲의 『설문통훈정성說文通訓定聲』는 『설문해자』의 주석서중의 하나이다.

87 『설문통훈정성說文通訓定聲』, "사분지지사四分之指事"

88 전병훈全秉薰, 『정신철학통편精神哲學通編』, "운용인신중삼목지일運用人身中三木之日, 사금지월자四金之月者, 내도가전도오행지술야乃道家顛倒五行之述也. 삼목생화三木生火, 화위이火爲離, 이화중지수위이진수離火中之水謂以眞水(소위용종화리출자所謂龍從火裏出者)사금생수수위감감수중지화위이진화四金生水水爲坎坎水中之火謂以眞火(호향수중생자虎向水中生者)차진수화이의승강此眞水火以

이것은 도가道家적 관점과 단丹의 입장에서 말한 것으로 보인다. 그러므로 삼三과 사四가 화火와 수水를 낳고, 화수火水의 기운은 화火는 올라가고, 물은 내려오는 순환을 따라 마음을 다해서 이루면 단丹과 선仙을 이룬다고 말하고 있는 것이다. 즉 삼사三四가 운행 순환하여 소우주小宇宙인 인간의 몸의 기혈을 돌리고 운행한다는 논리로 보인다.

이상과 같은 논거를 바탕으로 사四의 철학적 의미를 살펴보면, 천지인天地人 삼三을 전제로 하고 있다는 것이다. 달리 말하면 천지인天地人 삼三이 운행運行하며 사시四時를 이루게 된다는 것이다. 사四의 함의에 대하여 각각 사상四象과 4개의 모양 및 네 가지 일을 설명하고 있다. 이것은 공간空間인 사방에서 작용한다는 공통적인 의미를 가지고 있다고 할 수 있다. 태양太陽, 달, 지구地球가 함께 돌아가고 있는 가운데서 춘하추동春夏秋冬 4계절이 이루어지고, 년월일시年月日時가 시간을 이루고, 공간에서는 동서남북東西南北, 상하좌우上下左右가 이루어지는 것이다. 즉 하늘의 섭리를 상징하는 십수원리十數原理가 공간에서는 사시四時로 드러나는 것이다. 이러한 순환변화를 사四의 의미로 규정 할 수 있다.

따라서 이상과 같은 여러 논거를 『천부경』의 구절과 결부시켜서 살펴볼 때, 운삼사運三四란, 천지인天地人 삼극三極에 의한 시간적인(음양적인) 순환이 사방四方인 공간空間에서 운행運行 힌다는 결론에 도달할 수 있다. 달리 말하면 시간時間과 공간空

意升降(후승전강왈자오승강後升前降日子午升降) 구구성단성선고운삼사야개久久
成丹成仙故云三四也蓋(좌승우강우승좌강왈묘서운용左升右降右升左降日卯西運
用) 운즉이진의운행運則以眞意運行."

閒익 우주에서 만물이 순환하는 전개과정이라고 정의 할 수 있다. 즉 시간의 순환(책력冊曆=카렌더)에 따라 공간적인 삶이 전개된다는 것이다.[89] 그러므로 운삼사運三四의 의미에 대하여 다음과 같은 결론을 도출할 수 있다.

먼저, 삼三으로 표상되고 있는 천지인天地人 삼극三極이 시간時間(원圓)을 통해 공간인 사방四方(방方)에서 우주만물을 섭리하며, 순환한다는 의미로 정리할 수 있다. 즉 천지인天地人 합일合一을 의미한다.

다음으로, 운삼사運三四란, 태극이 천지인天地人으로 나누어져서 공간에서 운행(순환)함을 의미한다. 즉 천지인天地人의 조화를 통해서 천도天道인 시간時間이 공간空間에서 우주만물의 생성원리로 운행됨을 말한다는 결론을 내릴 수 있다.

그렇다면 어떻게 운행·전개되는 것인가? 그 답을 성환오칠成環五七에서 찾아 볼 수 있다.

---

89 책력으로 공간에 드러난다고 하는 것은 예를 들자면 『정역』의 사력변화원리四曆變化原理나 일반적인 민간풍습에서 3×4= 12시간, 12월이요, 12×2=24 절기 등을 거론할 수 있다.

운삼사運三四와 원방각圓方角 원리

운삼사運三四 원리가 고대 문명의 전통적인 우주관을 표상하고 있는 원방각圓方角 원리와 밀접한 관련이 있음을 살펴볼 수 있다. 우리는 천지인天地人 합일合一을 표상하는 원방각圓方角 원리를 문화유적과 동양東洋의 전통적인 우주관宇宙觀에서 찾아 볼 수 있다. 그렇다면 운삼사運三四와 원방각圓方角 원리는 어떤 상관성을 가지고 있는 것인가를 살펴보자.

◎ 운삼사運三四와 원방각圓方角 원리의 상관성

운삼사運三四 의미를 고대인古代人들이 남긴 유물과 유적을 통해서 살펴보면 여기에는 천인합일天人合一의 우주관宇宙觀과 사유체계가 함축되어 있음을 살펴 볼 수가 있다. 그리고 이들의 문화文化 속에 공통적으로 드러나고 있는 천지인天地人 삼三의 의미를 내포하고 있다.

이러한 논리의 근거로서 당시 고대인古代人들의 염원을 함축하고 있는 유적 유물이 바로 원방각圓方角원리를 내포하고 있다는 것이다. 즉 천지인天地人이 운행運行한다는 것은 아래 그림과 같은 원방각圓方角의 형상이다. 천지인天地人을 원방각圓方角으로 상징했다는 것은 천지인天地人이 하나가 되어 만물萬物을 생성生成한다는 『천부경』의 내용을 집약적으로 밝히고 있다고 할 수 있다. 그렇다면 원방각과 천지인天地人 삼三의 관계를 살펴보도록 하자.[90]

---

90 광명光明, 『천부경』 481쪽에서는 운삼運三에 대하여 "심신三神의 운행運行"이라고 하고, 삼신三神에서 의해서 일체 만물이 이루어짐을 말하고 있다.

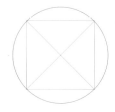

◎ 높은 곳에서 둥근 하늘과 짝을 이루게 될 때 원방각圓方角이 된다.[91]

첫째, 천원지방天圓地方의 의미에서 찾아볼 수 있다. 이 구절을 체용體用으로 보면 원圓은 체體요, 방方은 작용이다.[92] 고대 동방의 문명에서는 천지天地에 사람을 더해 이 천지인天地人을 원방각圓方角으로 상징했다.

원방각圓方角에는 하늘의 이치理致가 사람에 의해서 땅에서 펼쳐진다는 의미가 있다. 따라서 천지인天地人을 상징하는 삼三이 운행運行한다는 것은 원천圓天[○], 지방方地[□], 중간中間에서 천지天地를 조화시키는 각인角人[△]의 의미를 가진다[◎+△].[93] 또한 선유先儒들은 ⊠의 가운데 꼭짓점의 의미에 대하여 밝히고 있는데 권근의 「입학도설」이나 퇴계의 「천명도」 등에도 나오고 있다.[94]

----

91 이집트 피라밋의 삼각형 꼭지점, 서양의 고딕 건축양식의 삼원형 꼭지점, 중국 자금성 기년전 원형 삼층 구조물과 그 원뿔형 지붕 등도 고대인의 전통적인 우주관인 원방각 원리를 내포하고 있다고 할 수 있다.

92 『태백일사太白逸史』 제오第五 「소도경전본훈蘇塗經典本訓」에서는 원방각圓方角과 三極의 관계에 대하여 "원圓은 일一이 되어 무극無極이고, 방方은 이二가 되어 반극反極이며, 각角은 삼三이 되어 태극太極이라(원자일야圓者一也 무극無極, 방자이야方者二也 반극反極, 각자삼야角者三也 태극太極)"라고 하였다.

93 『태백일사太白逸史』 「제일삼신오제본기第一三神五帝本紀」에서는 천원지방天圓地方에 대하여 "단군 왕검께서 둥근 하늘과 方正한 땅의 덕성을 계승하여 오로지 王道를 집행하여 천하를 다스리니 온 천하가 순종하였다.(왕검씨王儉氏 승경일주삼承經日周三, 경일잡사지기경一匝四之機, 전용왕도이치천하종지專用王道而治天下從之)"라고 하였다.

94 권근의 『입학도설』, 이황의 『천명도설후서』에서는 天地人이 하나임을 설파하면서 사람은 △, 식물은 ▽, 들짐승은 ◁, 날짐승은 ▷로 표기하고, 곽종석의 『면우전집』

　둘째, 유적유물에서 볼 수 있는 근거로 북경 자금성의 원구단, 강화도 마리산의 참성단, 경주의 첨성대 등이 있다. 강화도 참성단은 사진에서 나타나듯이 아래는 둥글고, 위로는 네모(방方)로 만들어져 있다. 이것은 만물생성萬物生成의 운동원리運動原理가 삼三과 사四의 구조를 표상하고 있다고 본다. 이것이 바로 시간과 공간의 구성원리이고, 순환의 원리인 것이다.[95] 이러한 유적 속에서 동방東方의 전통적인 우주관인 원방각 원리를 찾아 볼 수 있다.

에서는 사람은 □+↑, 식물은 □+↓, 동물은 직사각형으로 표기하여 원방각을 설명하고 있다.

95　앞의 석삼극析三極 무진본無盡本의 삼三이 운행할 때는 4방위(水火木金)로 나타난다. 우주宇宙의 운행도 사계절四季節로 나타나고 사람의 몸통도 사지四肢로 나뉜다. 일본체一本體 삼작용三作用, 즉 우주운동은 일一에서 출발하여 삼三으로 분화한다. 다시 말해 종삼횡사縱三橫四, 즉 종縱으로는 삼三, 횡橫으로는 사四의 원리로 구성을 한다. 이것은 시간時間과 공간空間의 구성원리이자 또한 우주宇宙의 운동원리運動原理인 것이다. [출처] 증산도 참 진리세계

강화도 마리산 참성단

地方

天圓

홍산문화 3단 원형제단 복원도
5,500년 전 중국 요령성

셋째, 퇴계 이황선생은 『천명도설후기』에서 원방각圓方角에 대하여 다음과 같이 밝히고 있다. "사람이 금수와 초목의 형상과 원圓·방方·횡橫·역逆의 차이가 있는 것은 어째서입니까?" 하고 물으니, 선생이 말하기를, "인물의 형상이 다르게 됨은 역시 음양, 이기二氣의 소치이다. 대개 양陽의 성은 순하고 평평하고, 음陰의 성은 거스르고 뒤집어진다. 그래서 사람은 천지天地의 수자秀者가 되어 양陽을 이루었으므로, 머리(두頭)가 반드시 하늘과 같고, 발(족足)은 반드시 땅과 같아서 평평하고 곧게 섰으며(△), 만물萬物은 천지天地의 편색자偏塞子가 되어 음陰이 되었으므로, 형상이 사람과 같지 않아서 혹은 가로눕고 혹은 거스른다(◁, ▷). 그러나 금수禽獸는 음陰 중의 양陽이 되었으므로 생生이 완전히 뒤집혀지지 않고 가로 누웠으며(◁, ▷), 초목은 음陰 중의 음陰이 되었으므로 생生이 반드시 거스르

고 뒤집어졌으니(▽), 이것이 다 타고난 기氣가 같지 않음이요, 기氣
의 순順과 역逆이 있는 까닭이다."[96]라고 하였다.

이상과 같이 원방각圓方角 원리를 운삼사運三四의 논리로 살펴볼
수 있다.

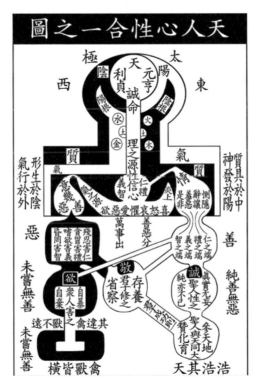

---

96 이황李滉, 『천명도설天命圖說』 제5절, "인여금수초목지형人與禽獸草木之形, 소이
유원방횡역지불동자所以有圓方橫逆之不同者. 하야왈何耶曰, 인물지형소이이자人
物之形所以異者, 역음양이기지소치야亦陰陽二氣之所致也. 개양지성蓋陽之性, 순
이평順而平, 음지성陰之性, 역이도逆而倒, 고인위천지지수자이위양故人爲天地之
秀子而爲陽, 고두필어천故頭必如天, 즉밀여지足必如地. 이평정직립而平正直立,
물위천지지편새자이위음物爲天地之偏塞子而爲陰, 고형불류인故形不類人, 이혹
횡혹역而或橫或逆, 연금수칙내위음중지양然禽獸則乃爲陰中之陽, 고생불전도이위
횡故生不全倒而爲橫, 초목칙내위음중지음草木則乃爲陰中之陰, 고생필역이위도
故生必逆而爲倒, 차개품기지불동此皆稟氣之不同, 이기유순역지소치야而氣有順
逆之所致也."

2) 성환오칠成環五七

성환오칠成環五七이란, 문자적인 의미로는 오五와 칠七로써 고리(원)를 이룬다는 것이다. 성환오칠成環五七의 철학적 함의를 한 글자씩 경전經典의 근거를 통해 세밀하게 살펴보자.

가) 성成의 철학적 의미

『주역』「계사」상 제5장에서 "상象을 이룸을 건乾이라고 하고, 그 법을 따름을 일러 곤坤이라고 한다(성상지위건成象之謂乾, 효법지위곤效法之謂坤)."[97]라고 하였다. 이때 성成은 이룬다는 의미를 나타내고 있다.

『서경書經』「익직」의 주註에서 "성成은 끝맺음이다.(성종야成終也)"[98]라고 하였다. 이때 성成의 이룸이란 끝맺음을 말한다.

『시경詩經』에서도 "성成은 갖추는 것과 같다.(성유비야成猶備也)"[99]라고 하였다. 여기서 성成은 이루어 갖추게 됨을 의미한다.

이상과 같이 경전經典에 나타난 성成이라는 한 글자만 가지고 개념을 일반화 하는 데는 다소 무리가 있어 보인다. 그러나 성환오칠成環五七의 구절과 전후구절을 살펴볼 때 성成의 의미는 우주만물의 생성근원이자 하늘의 인격적인 표상表象인 건乾이 공간空間으로 드러난 곤坤(지地)에서 우주 만물을 낳고 이룸을 의미한다고 할 수 있다.

97　『주역周易』,「계사」상편 제5장
98　『서경書經』,「익직」편.
99　『시경詩經』,「제풍의차齊風猗嗟」「전전篆」

나) 환環의 철학적 의미

환環에 대한 근거를 살펴보면 다음과 같다. 환環은 고리 환環으로 문자적인 의미로는 둥근 고리를 말한다.

『주역』에서는 "하늘의 섭리는 둥글고 신묘하다.(시지덕蓍之德, 원이신圓而神)"[100]라고 하였다. 하늘의 섭리는 원만하고 신묘하게 순환한다는 의미이다.

『회남자淮南子』에서는 "원圓을 싣고, 방方(공간)을 밟는다.(재원이방載圓履方)"[101]라고 하였다. 이는 하늘의 섭리가 공간으로 드러남을 말한다.

『정신철학통편』에서는 성환成環에 대하여 "운運은 참뜻으로 운행하며, 환環은 단의 형상으로 끝이 없는 까닭에 성환이라고 이르는 것이다."[102]라고 하였다. 이는 둥근 고리 모양의 원圓이 지경이 없이 확대되어 세상을 섭리한다는 의미라고 할 수 있다.

위의 내용을 통해 환環의 의미를 살펴볼 때, 환環은 둥굴 환, 고리 환이다. 그러므로 환環은 원圓을 의미한다고 할 수 있다. 그리고 『주역』의 관점에서 보면, 원圓으로써 하늘의 상징일뿐 아니라 공간空間에 드러나서 작용하는 의미까지 내포內包하고 있다고 할 수 있다. 환環은 무한으로 순환 반복하는 건도乾道의 성정性情인 자강불식自强不息을 표상하는 고리(원圓)이기 때문이다.

다) 오五의 철학적 의미

오五에 대해서 경전의 내용을 구체적으로 살펴보면 다음과 같다.

---

100 『주역周易』,「계사」상편, 제11장.
101 『회남자淮南子』,「본경훈本經訓」편.
102 전병훈,『정신철학통편』, "운즉이진의운행運則以眞意運行, 환즉단지상이무단고왈성환야環卽丹之象而無端故曰成環也."

첫째, 하도河圖·낙서洛書로 보면 오五는 하도河圖·낙서洛書의 중심수이다. 하도河圖는 십十과 오五가 중심수이다. 오행五行으로 보면 사방四方, 사시四時를 연결하는 중앙이 오토五土이다. 그러므로 오五는 우주만물 순환을 매개하는 주체이다.

둘째, 『주역』의 천지지수天地之數로 보면 오五는 1·2·3·4·5·6·7·8·9에서 생수生數와 성수成數의 중앙에 위치하여 선천수先天數 1·2·3·4와 후천수後天數 6·7·8·9를 연결하는 자리에 있는 것이 바로 오五 수數이다. 또한 양수陽數 1, 3, 5, 7, 9의 가운데에 오五가 위치하고 있다.

셋째, 『정역』에서는 오五를 오황극五皇極으로 규정하고 있다.[103] 하늘을 상징하는 무극無極의 이치를 땅인 공간에서 실천 작용하는 사람을 상징하고 있다.

따라서 위 경전의 근거로 살펴보면, 오五는 시간과 공간의 합合이요, 오행五行을 상생으로 연결하는 매개체요, 생수生數와 성수成數를 연결하는 자리에 있는 수이다. 그러므로 오五는 시공時空과 오행五行의 매개체로서 시간時間에서 공간空間으로 전개하는 오황극五皇極의 오五로서 의미를 가지고 있다. 오五와 연결된 칠七의 의미는 무엇인가?

라) 칠七의 철학적 의미

칠七에 대한 경전의 논거부터 우선 살펴보자.

---

103 『증산도의 진리』에서는 오五와 칠七에 대하여 오五는 순환을 이루게 하는 근원적인 힘의 본체本體인 오황극五皇極이며, 그 작용作用은 칠七(칠성七星: 천지공사/후천대불을 내는 칠성(七星)공사이다)로 한다는 것이다. 그리고 우주의 운동이라는 것은 내적 기본 구성원리로는 삼三과 사四이고, 그것이 외적 구성원리로는 오五와 칠七이다.라고 하였다. (안경전, 『증산도의 진리』, 상생출판 276쪽 참조, 2015.)

먼저, 유가儒家의 관점에서 보면 오五는 인예의지신仁禮義智信의 오상五常이요, 칠七은 희노애구애오욕喜怒哀懼愛惡慾의 칠정七情을 의미한다. 오상五常으로 칠정七情을 다스림으로써 천지인天地人을 상징하는 원방각圓方角 원리를 통해 원圓을 상징하는 360수數의 이상사회를 세상에 이룬다고 할 수 있을 것이다.[104]

칠七을 『주비산경』 수리적 논리로 살펴보면 삼三(天地人)과 사四(사방四方)의 합이 오五와 칠七로 드러남을 알 수 있다. 왜냐하면 앞서 살펴보았듯이 a를 구句(시간)로, b를 고股(공간)로 c를 현弦으로 규정하고, 이 논리를 근거로 하면 a3이란 생장성生長性의 시간적 의미이며, b4는 공간인 동서남북東西南北 사방四方의 의미로써 이것을 합하면 원圓을 이루기 시작하는 수數인 7이라 할 수 있다.

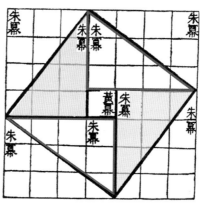

중국의 『주비산경』에 기록된 도해[105]

---

104 『한서율력지漢書律曆志』, "(사람은) 오상五常(인의예지신仁義禮智信)의 말씀을 노래하고 읊어 따름이 순리이다.(순이가영오상지언順以歌詠五常之言)"라고 하였다.

105 (백과사전) 『주비산경周髀算經』은 고대 중국의 천문·수학서이다. 『주비산경』에서 주(周)는 주나라를 뜻한다. 비(髀)는 원래 넓적다리를 뜻하며, 여기서는 해시계의 지시침을 뜻한다. 『주비산경』의 실제 집필 시기는 불분명하지만, 하권 1부는 『여씨춘추』(기원전 3세기 집필)를 인용하므로 적어도 이 문단은 전국시대 이후에 집필

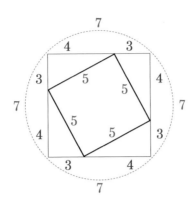

위 그림에서 3과 4의 합이 이루는 정사각형의 꼭지점 4개를 연결하여 원圓을 이룰 수 있는데 이것은 고대 중국의 별자리인 이십팔수二十八宿와도 밀접한 연관성을 가지고 있다고 할 수 있다.[106]

된 것을 알 수 있다. 대체로 한나라(기원전 2세기~기원후 3세기) 때에 현재의 형태로 집대성된 것으로 추정된다. 『주비산경』은 상권(上卷)과 하권(下卷)으로 구성되며, 각각 3부로 나뉘어 있다. ①『주비산경』상권 1부에는 다음과 같은 세계관이 묘사되어 있다. "네모는 땅에 속하며, 동그라미는 하늘에 속한다. 따라서 하늘은 둥글며, 땅은 네모다. 네모의 수는 고전적이며, 동그라미의 수는 이로부터 나온다. 하늘은 푸르거나 검으며, 땅은 누렇거나 붉다.(方屬地 ,圓屬天 ,天圓地方, 方數為典 , 以方出圓. 笠以寫天. 天青黑 ,地黃赤.)" ②하권 1부에는 다음과 같은 세계관이 묘사되어 있다. "하늘은 삿갓(笠)의 모양이며, 땅은 거꾸로 된 쟁반(槃)의 모양을 한다.(天象蓋笠 ,地法覆槃.") ③『주비산경』「상권」1부에는 다음과 같이 3·4·5 직각삼각형이 등장한다. "직사각형의 절반에서, 만약 구(句, 직각을 낀 변)의 길이가 3이고 고(股, 직각을 낀 다른 변)의 높이가 4라면, 대각선의 길이는 5이다.(故折矩, 以為句廣三 ,股修四 ,徑隅五.)"상권 2부에는 다음과 같은 내용이 등장한다. "태양까지의 길이를 계산하려면, 먼저 태양의 지면에 사영된 곳까지의 (수평) 거리를 구(句), 태양에서 지면까지의 (수직) 거리를 고(為)라고 하자. 이들을 각각 제곱한 뒤, 합한 뒤, 제곱근을 취하면 태양까지의 길이를 얻는다.(若求邪至日者 ,以日下為句 , 日高為股 ,句股各自乘 ,并而開方除之 ,得邪至日.)라고 하였다.

106 고대 중국에서 하늘의 적도를 따라 그 부근에 있는 별들을 28개의 구역으로 구분하여 부른 이름이다. 각 구역의 대표적인 별자리를 수로 정했다. 28수 별자리는 동서남북방 칠수七宿를 말하며, 간단히 설명하면 다음과 같다. 1. 동방창룡東方蒼龍 칠수七宿 : 각角·항亢·저氐·방房·심心·미尾·기箕의 7수 30개 별을 말한다. 동쪽 궁宮에는 청제靑帝가 관할하며, 그 정수는 창용蒼龍 또는 청용靑龍으로 표상된

다. 그 모양이 각角은 뿔, 항亢은 목, 저氐는 가슴, 방房은 배(복腹), 심心은 엉덩이, 미尾와 기箕는 꼬리(항문)에 해당한다. 절로는 봄을 상징하며, 오행상五行上으로는 목木의 기운이며, 동쪽 산山을 나타내고 방위方位로는 동쪽을 나타내고, 비늘이 달린 벌레 360종류를 맡았다고 한다. 2. 서방백호西方白虎 칠수七宿 : 규奎·루婁·위胃·묘昴·필畢·자觜·삼參의 7수 47개 별은 말한다. 서쪽 宮에는 백제白帝가 관할하며, 그 정수는 백호白虎로 표상된다. 또 일설에는 규奎를 그 자체로 白虎로 보고, 루婁·위胃·묘昴는 세 마리의 호랑이 새끼로, 필畢 역시 호랑이의 상(주둥이)이며, 자觜와 삼參은 합하여 기린의 상이 되는데 자觜가 머리이고 삼參 이 몸통이 된다. 계절로는 가을을 상징하며, 오행상五行上으로는 금목金木의 기운이며, 서쪽 산山을 나타내고 방위方位로는 서쪽을 나타내고 털이 달린 벌레 360종을 맡았다고 한다. 3. 남방주작南方朱雀 7수七宿 : 정井·귀鬼·류柳·성星·장張·익翼·진軫의 7수 59개 별은 말한다. 남쪽 궁宮에는 적제赤帝가 관할하며, 그 정수는 주작朱雀(붉은 봉황새)으로 표상된다. 즉 정井은 머리, 귀鬼는 눈, 류柳는 부리, 성星은 목(경頸), 장張은 모이주머니, 익翼은 날개, 진軫은 꼬리에 해당한다. 계절로는 여름을 상징하며, 오행상五行上으로는 화火의 기운이며, 남쪽 산山을 나타내고 방위方位로는 남쪽을 나타내며 날개달린 벌레 360종을 맡았다고 한다. 4. 북방현무北方玄武 칠수七宿 : 두斗·우牛 여女·허虛·위危·실室·벽璧의 7수로 이에 속한 25개 별을 말한다. 북쪽 궁宮은 흑제黑帝가 관할하며, 그 정수는 현무玄武로 표상된다고 한다. 두斗는 거북이와 뱀이 서로 엉켜있는 상이고, 우牛는 뱀의 상이며, 여女는 거북이의 상이며, 허虛·위危·실室·벽璧은 모두 거북이와 뱀이 엉켜있는 상으로 본다. 계절로는 겨울을 상징하며, 오행상五行上으로는 수水의 기운이며, 북쪽 산山을 나타내고 방위方位로는 북쪽을 나타내고, 딱딱한 껍질의 벌레 360종류를 맡았다고 한다.

마지막으로 우리나라의 민간신앙民間信仰에서는 칠七을 칠성七星을 상징하여 신神으로 모시기도 했는데, 칠성七星은 농사에 절대적으로 필요한 비와 인간의 수명과 운명 등을 관장하는 것으로 여겼다. 이것은 칠七이라는 숫자가 하늘이 은택을 베풀고 인간사를 관장하는 상징으로서의 의미를 가진 것으로 볼 수 있다.

마) 성환오칠成環五七의 의미

이상의 여러 가지 논거를 통해서 성환오칠成環五七의 철학적 함의를 살펴볼 때 다음과 같은 결론을 도출할 수 있다.

첫째, 성환오칠成環五七이란 오五와 칠七을 통해서 둥근 고리인 원圓이 이루어진다. 『주비산경』의 구고현句股弦의 수리적 논리를 바탕으로 하여 시간時間(천도天道)을 상징하는 원圓이 공간空間(지도地道)을 상징하는 사각이 되고, 사각이 다시 원圓을 이루고 있다. 다시 말해서 천도天道가 공간空間으로 드러나 천지합일天地合一이 이루어진다는 것이다.

성환成環이란, 원방각圓方角의 원圓 안에서 방方이 올바르게 자리를 잡아 순환循環(회전)할 수 있다는 것이다. 그리고 오五와 칠七로서 순환을 시작하여 원圓을 형성하게 됨을 의미한다고 할 수 있다. 달리 말하면 천도天道를 근원으로 지도地道가 전개된다는 의미이다.

둘째, 위의 도표에서 보듯이 오五와 칠七을 통해 사각형의 평면이 원圓이 되듯이 천도天道를 상징하는 원圓이 공간인 사방四方을 섭리한다는 것이다. 이것은 원圓이 상징하는 천지지도天地之道

의 합슴인 360도 원형圓形의 이상사회를 이루어 가는 과정으로
서의 의미로 보여 진다.

셋째, 『주역』에서도 "시초蓍草의 덕德은 원만하고 신묘神妙하
며, 괘卦의 덕德은 방方으로써 알려준다."[107]라고 하여 둥근(원
圓) 시초의 덕德이 공간(방方)으로 드러남을 언급하고 있다.

넷째, 노자老子『도덕경』에서도 "서른 개의 바퀴살대가 하나
의 바퀴통에 모여도 그 빈곳이 있어야만 바퀴로서의 쓰임이 있
고, 흙을 빚어서 그릇을 만들지라도 빈 공간이 있어야만 이 그
릇으로의 쓰임이 있게 된다."[108]라고 하였다. 이 구절에서 하나
의 바퀴통이라는 의미를 가진 일곡一轂은 하늘을 상징하는 원
圓이라고 볼 수 있다. 그러므로 하늘의 상징인 원圓이 공간인
방方으로 확산되어 간다는 원리를 밝히고 있다고 할 수 있다.

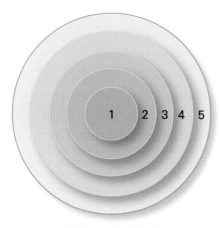

베제스의 동심원이론

---

107 『주역』, 「계사繫辭」상上편 제11장, "시지덕蓍之德 원이신圓而神, 괘지덕卦之德
     방이지方以知"

108 『도덕경道德經』 제11장, "삼십폭공일곡당기무유차지용三十輻共一轂當其無有車
     之用, 연식이위기당埏埴以爲器當"

다섯째, 성환오칠成環五七을 사람의 신체身體로 비유해 보면, 오五와 칠七이 순환하여 사람의 신체身體를 유지한다고 볼 수 있다. 다시 말하면 오五와 칠七을 통해서 고리(원)를 이룬다는 것이다. 예를 들자면 ①사람은 머리에 5뇌腦가 있어 사람의 몸을 주관한다. ②배에는 오장五臟이 있어 소화흡수 배출작용을 하여 몸을 유지한다. ③얼굴에는 7개의 공규孔竅가 있어 눈으로는 색色을 구분하고, 코로 기氣를 돌리고, 귀로 소리를 듣고, 입으로 음식을 먹으며, 말을 하면서 신체를 운용運用하는 것이다. 이와 같이 오五와 칠七이 서로 순환변화를 통해서 사람의 신체身體를 유지를 한다는 것이 동양철학에서는 인간을 소우주小宇宙라고 한다. 소우주인 인간人間이 오五와 칠七로 운행되는 것처럼 우주의 변화원리도 이와 같다는 것이다.

요컨대, 운삼사運三四 성환오칠成環五七에서 운삼사運三四는 공간空間에서 천지지도天地之道를 실천하는 것은 사람이며, 또한 천지인天地人(삼三)이 사방四方(사四)으로 순환한다는 것이다. 그리고 성환오칠成環五七은 오五가 체體가 되고, 칠七이 용用이 됨으로써 순환 변화를 가능하게 하여 원圓을 이룬다는 것이다. 즉 천지인天地人이 순환하는 변화원리를 설명하고 있는 것으로 보인다.

라.『천부경』「중경中經」의 결론

첫째, 천지인天地人이 모두 음陰·양陽의 화합和合으로 하나(일一)가 이루어짐을 천명하고 있다. 즉 천지天地 만물萬物이 모두 음양陰陽의 합덕合德으로 순환 변화한다는 것이다. 그리고 이를 통해서 천지인天地人의 조화와 변화가 이루어진다는 것을 설명하고 있다.

둘째, 천지인天地人의 음양陰陽이 합습하여 육六을 이룬다는 것이다. 즉 대삼합육大三合六의 전제를 바탕으로 칠七로써 만물의 형상을 본격화하고, 팔八로써 문물제도를 마름질하며, 구九로써 하늘의 법칙을 드러내어 천하를 다스린다는 것이다. 『주역』의 관점에서 보면 칠七·팔八·구九의 순환변화의 과정을 통해서 천도天道의 상징인 십十의 이상세계가 공간空間으로 드러남을 설명할 수 있다. 즉 천도天道인 원형이정元亨利貞이 시간時間을 통해서 공간空間에서 인예의지仁禮義智의 완성으로 드러난다는 것이다.

셋째, 천지인天地人 삼극三極이 공간인 사방四方을 섭리하며, 오토五土와 남방南方의 칠화七火의 변화원리를 통해서 고리(원圓)를 이루고, 나아가 천지합덕天地合德의 이상사회를 이룬다는 것이다. 그리고 성환오칠成環五七은 『천부경』의 말미에 있는 결론의 성격을 지닌 인중천지일人中天地一을 이루게 하는 것으로 볼 수 있다.

一 始 無 始 一

4

『천부경』

「하경」의
下經

주해
註解

一 終 無 終 一

4.

『천부경』「하경下經」의 주해註解

『천부경』「하경下經」에서는 다음과 같이 밝히고 있다.

> 一妙衍 萬往萬來하야 用變 不動本하니라
> 일 묘 연   만 왕 만 래   용 변 부 동 본
>
> 本心 本太陽하야 昻明하고
> 본 심 본 태 양   앙 명
>
> 人中 天地一이나
> 인 중 천 지 일
>
> 一終無終一이니라.
> 일 종 무 종 일

▸妙(묘할 묘) ▸衍(넘칠 연) ▸萬(일만 만) ▸往(갈 왕) ▸來(올 래[내]) ▸用(쓸 용) ▸變(변할 변) ▸不(아닐 불) ▸動(움직일 동) ▸本(밑 본) ▸心(마음 심) ▸陽(볕 양) ▸昻(오를 앙) ▸明(밝을 명) ▸終(끝날 종) ▸無(없을 무)

"하나(一)가 묘하게 넘쳐서(커져서) (만물이) 한없이 가고 오는 것이니라. 그 쓰임이 변화를 하여도 근원적인 본체는 움직이지 않는다. 마음의 근본이 태양의 근본이니, 높여서 밝힌다 하고,

사람은 하늘과 땅과 함께 하나가 됨이나,

하나는 (천지만물을) 끝맺는 근본이나 무無(무극無極)로 마치는 하나이니라.

『천부경』「하경下經」은 「상경上經」과 연관하여 하나는 만물萬物을 생성변화生成變化하고, 무無에서 끝남을 밝히고 있다. 이에

대한 구체적인 내용을 살펴보자.

가. 일묘연一妙衍 만왕만래萬往萬來 용변用變 부동본不動本

이 구절의 일묘연一妙衍 만왕만래萬往萬來란 하늘의 섭리는 한 없이 가고 오며, 오르고 내리며, 음양순환陰陽循環을 하여도 그 근원적인 본질本質은 움직이지 않는다는 것을 말한다. 즉 우주宇宙의 근본과 원리原理는 끊임없이 순환반복해서 변화變化를 하여도 그 근본根本과 본질은 움직임이 없음을 말한다. 이 내용을 구체적으로 살펴보면 다음과 같다.

1) 일묘연一妙衍 만왕만래萬往萬來

일묘연一妙衍 만왕만래萬往萬來에 대해서 구체적으로 그 내용을 살펴보자.

가) 일묘연一妙衍

(1) 묘妙의 철학적 의미

묘妙는 묘할 묘 자이다. 이에 대하여 중국의 음운音韻 자서字書인 『정자통正字通』에서는 "묘는 미세한 정미함이다(妙精微也)"라고 하였다.[109] 그리고 문자를 더 보태어 넣은 「증운增韻」에서는 "묘는 신묘하게 조화되어 측정하지 못한다.(묘신화불측야妙神化不測也)"라고 하였다.

이 고서古書의 주석내용을 볼 때 신묘한 분합分合의 원리인 묘합妙合을 의미하는 것으로 보인다.

---

109 『정자통正字通』은 중국의 음운 자서字書. 명나라의 장자열張自烈이 지은 것으로, 청나라의 요문영廖文英이 자휘字彙의 형식을 따라 새로 편집·간행하였다고 한다.

(2) 연연衍의 철학적 의미

연衍은 넘칠 연이다. 크게 넓히고 작용을 한다는 것이다. 이
에 대한 경전經典의 견해를 살펴보면 다음과 같다.

『설문해자』에서는 "물의 만남이다."라고 하였다.

『한서漢書』에서는 연衍의 의미에 대해 "묶여있던 것이 떨어져
넓게 넘치는 것(이미광연離靡廣衍)"[110]이라고 하였다. 이것은 어
떤 내용으로 변화가 이루어졌음을 알 수 있다.

『주역周易』에서는 "크게 넓힌 수(대연지수大衍之數)"라고 하
여,「대연지수절」에서는 육효중괘六爻重卦 형성원리와 오년五年
에 윤달이 두 번 있다는(오세재윤五歲再閏) 역법歷法에 대한 내
용을 설명하고 있다.

위의 논거를 종합해 볼 때, 연衍 자字의 넘친다는 의미는 불
어 넘쳐서 차원이 변화되는 의미가 적합해 보인다. 즉 일묘연
一妙衍이란 만물생성의 근원이 되는 하나에서 신묘하게 불어
넘쳐서 새로운 변화를 가져오는 차원의 전환을 의미한다고 할
수 있다.

나) 만왕만래萬往萬來

만왕만래萬往萬來에 대하여 만萬과 왕래往來의 의미를 나누어
서 경전經典의 근거를 살펴보면 다음과 같다.

(1) 만萬의 철학적 의미

『주역』건괘乾卦에서는 "만국이 함께 편안하다."[111]라고 하

---

110 『한서漢書』「사마상여전司馬相如傳」
111 『주역周易』건괘乾卦, "만국함영萬國咸寧"

어, 천하의 모든 나라를 의미하고 있다. 또한 만萬의 의미는 넘쳐서 불어난 극한수를 의미한다. 그 근거를 살펴보면, 천지지도天地之道를 표상하고 있는 하도河圖·낙서洛書의 합수合數가 100이다. 이것은 하늘과 땅을 합한 것이 100이라는 의미이다. 그리고 다시 100에 100을 승하면 10,000(만萬)이 된다. 이 때 만萬은 온 천하에 있는 만물의 모든 것을 의미한다고 할 수 있다. 또한 『주역』「계사하」편에서는 "많은 사람들이 우러러 바라봄이라(망부지망萬夫之望)"[112]라고 하였다. 이 때 만萬은 많은 것을 의미한다.

『한서율력지』에서도 "1에서 비롯되어 10되고, 100으로 커지며 1,000 커져 10,000으로 확산되어 가니 그 법은 수의 법칙에 있다.[113]"라고 하였다. 여기서 일一은 일묘연一妙衍의 일一이요, 만萬은 만왕만래萬往萬來의 만萬이라고 할 수 있다. 즉 만물생성 근원인 일一이 신묘하게 불어난 것을 만萬으로 보고 있다.

상기의 내용들은 만萬의 의미가 수없이 많은 만물을 의미하고, 나아가 온 천하에 변화가 확산됨을 의미한다고 볼 수 있다.

(2) 왕래往來

왕래往來는 『주역』 택산함괘에서 "그리워하고 그리워하면서 가고 옴이면(동동왕래憧憧往來)"이라고 한 그 왕래往來이다.[114]

----

112 『주역周易』「계사하」편, 제5장.
113 『한서율력지漢書律曆志』 "기어일협어십장어백대紀於一協於十長於百大, 어천연어만衍於千衍於萬, 기법재산술其法在算術"
114 『주역周易』, 택산함괘澤山咸卦 구사九四「효사爻辭」, "정길회망貞吉悔亡, 도동

이 말은 성인聖人·군자君子가 서로 그리워하면서 가고 온다는 것은 진리眞理와 내가 하나가 된다는 것을 의미한다.[115]

『정신철학통편』에서는 만왕만래萬往萬來에 대하여 "이미 묘연함을 이루고, 참 나를 신선처럼 성스럽게 한 즉, 신묘한 조화로 하늘과 합하여 만겁을 왕래하여도 나 스스로 진실함과 같음이라, 나의 밝음의 신묘함이 좌우상하 어디로 가나 두루 미치지 못하는 곳이 없다. 우주의 섭리가 미칠 것이다. 날마다 사람에게 사용하여 사람들의 일에 만 가지 기미가 왕래하여도 이에 다함이(막힘이) 없으니 (하늘을 섭리하는) 주재자가 능히 존재하고 있는 것이다."[116]라고 하였다. 이 말처럼 왕래往來를 신묘神妙한 하늘의 섭리가 좌우사방의 공간空間에 있는 사람들에 미치지 않는 곳이 없다는 것으로 해석하고 있다. 만萬 가지의 기미幾微가 왕래往來하는 것은 그것을 섭리하는 주재자가 능히 존재한다고 말하고 있다. 이로써 왕래往來는 하늘의 법칙이요, 운행질서가 있음을 밝히고 있는 것이다.

따라서 일묘연一妙衍 만왕만래萬往萬來란 하늘의 섭리攝理가 신묘한 묘합妙合의 원리로써 순행順行하고 그 순환작용과 함께 변화가 한없이 이루어진다는 것이다. 즉 천지만물天地萬物과 일월성신日月星辰이 하늘의 섭리攝理대로 쉼 없이 강건하고 지속적으로 운행하며 작용作用한다는 것이다. 다시 말해 이것을 바로

왕래동동往來憧憧, 붕종이사朋從爾思."

115 『한서漢書』「오황지」에서는 "간다는 것은 들어서 돌아온나는 것을 밝힌 것이다.(거왕이명래擧往以明來)"라고 하였다.

116 전병훈, 『정신철학통편』, "기성묘연旣成妙衍, 진아성선칙신화합천만겁지왕래眞我聖仙則神化合天萬劫之往來, 아고자여아지양신종횡상하무왕불주我固自如我之陽神縱橫上下無往不周, 우주수이지宇宙手以至, 일용인인사만기지왕래수칙무궁이유능주재자존호日用人人事万幾之往來雖則無窮而有能主宰者存乎."

하늘의 운행질서運行秩序요, 법칙이라고 할 수 있다.

2) 용변用變 부동본不動本

가) 용변用變의 의미

용변用變에 대한 경전의 근거를 살펴보자.

『주역周易』에서 변變이란, 음양陰陽의 변화變化를 말한다. 그 유형으로는 음체양용陰體陽用과 양체음용陽體陰用의 두 가지 양상으로 전개된다고 할 수 있다. 변화를 한다는 것은 하늘의 섭리攝理를 의미한다.

『주역』의 체용體用논리로 용변用變을 살펴보면 용用이 변하여 체體가 된다는 의미이다. 즉 『주역』의 음변양체陰變陽體, 양변음체陽變陰體로 설명될 수 있다. 음양陰陽은 상호체용의 역할을 한다는 것이다. 다시 말하면 건도乾道는 체십용구體十用九원리로 작용作用하고, 곤도坤道는 체오용육體五用六작용을 한다. 하늘은 땅의 수數인 십十을 체體로 하여 구九로써 작용하고, 땅은 하늘의 수數인 오五를 체體로 하여 육六으로 작용한다는 의미이다.

또한 『주역』「계사」하편에서는 "음괘陰卦는 다양多陽하고, 양괘陽卦는 다음多陰하다."[117]라고 하였다. 이 구절의 의미도 음陰은 양陽을 체體로 하여 움직이고(양체음용陽體陰用), 양陽은 음陰을 체體로 하여 움직인다는 것이다.(음체양용陰體陽用) 그러므로 음양陰陽은 고정된 것이 아니라 자리(위位)에 따라서 변화하는 것이다. 그러므로 음양陰陽의 변화를 통해서 체용體用이 변하게

---

117 『주역』「계사하」편 제5장, "음괘다양陰卦多陽, 양괘다음陽卦多陰"

된다는 것이다.

『정신철학통편精神哲學通編』에서 용변用變에 대하여 "모든 일은 변화가 오니 내가 그 변화를 도와서 이용하여 구제하는데는 마음의 저울이 있다. 저울은 사물의 경중輕重을 저울질하니, 변화에 따라 마땅히 (문물제도를) 마름질 할 수 있는 까닭에 용변이라고 하는 것이다."[118]라고 하였다. 그리고 이 구절의 의미를 『정신철학통편精神哲學通編』에서는 『주역』「계사」편의 "만물의 이치를 열어 힘써 이룬다(개물성무開物成務)"라고[119] 풀이를 하였다. 이 구절에서 말하는 개물성무開物成務의 의미는 『주역』「계사」상편 11장에서 언급한 "하늘은 크게 시작함을 주관하고, 땅은 만물의 이룸을 담당한다."[120]라는 의미이다. 다시 말하면 하늘은 주야晝夜의 변화와 사시四時의 변화를 주관한다는 것이다. 즉 음양陰陽의 변화를 주관한다는 것이다. 이에 반해 땅은 만물을 이루는 것을 담당한다는 것이다. 건곤乾坤·음양陰陽의 역할 분담이다. 이것이 바로 만물萬物의 이치를 열어 힘써 이룬다는 개물성무開物成務의 의미이다. 이 내용에 비추어 볼 때 『정신철학통편精神哲學通編』에서는 용변用變의 의미를 만물생성의 근원이 하늘(건乾)을 근원(체體)으로 하여 땅에서 만물의 변화와 순환(용用)이 이루어지고 그것이 결국 땅에서 이루어짐을 말하고 있는 것으로 보인다.

따라서 『천부경』에서 용변用變이란 음양陰陽으로 구성되어 있

---

118 전병훈全秉薰, 『정신철학통편』, "범사변지래아소이용제기변자심유권형권형이칭사지경중수변제의고운용변야凡事變之來我所以用濟其變者心有權衡權衡以稱事之輕重隨變制宜故云用變也."

119 『주역』「계사繫辭」상上편 제11장, "부역夫易 개물성무開物成務"

120 『주역』「계사」상편 제1장, "건지대시乾知大始, 곤작성물坤作成物"

는 만물萬物의 순환작용을 의미한다. 거듭 강조하듯이 음陰과 양陽이 서로 체體로 변할 수 있음을 말한다.[121] 즉 용用(음陰)이 변하여 체體(양陽)가 된다는 의미로 보아야 한다는 것이다.

나) 부동본不動本의 의미

부동본不動本의 일차적 의미는 우선 근원적인 존재(근본)는 움직이지 않는다는 뜻이다. 달리 말하면 하늘의 근원적根源的인 원리는 움직이지 않는다는 것이다. 그 근거를 살펴보면 다음과 같다.

앞서 언급하였듯이 『주역周易』 건괘乾卦의 용구원리用九原理에서의 체십용구體十用九원리로 살펴 볼 수 있다. 십十은 하늘이요, 체體(근본根本)라 사용하지 않는다(불용不用). 그러므로 용구用九라고 하여 구九를 쓴다는 것이다. 결국 십十을 상징하는 근본根本(무극無極)은 변하지 않는다는 부동不動의 원리를 설명하고 있다고 할 수 있다.

위에서 언급된 용변用變의 의미를 일묘연一妙衍 만왕만래萬往萬來와 결부시켜서 살펴보면, 용변用變은 만물萬物은 수없이 많은 음양陰陽의 신묘한 변화로 이루어진다는 의미가 될 수 있다. 즉 수없이 많은 것이 오고가면서 순환 변화한다는 것이다. 이러한 순환과 변화의 과정에서도 움직이지 않는 근원적인 원리인 건곤지도乾坤之道(천지지도天地之道)가 본체本體로서 그 본질적인 역할은 움직이지 않는다는 것이다.[122]

----

121 『증산도의 진리』 277쪽에서 '용변부동본用變不動本'에 대하여 "작용이 부동不動의 본체本體로 바뀐다는 체體와 용用의 본질적 변화를 말하며, 여기서 변할 변變자는 천지天地의 가을 대개벽 작용을 의미한다."라고 밝히고 있다.

122 『주역』「계사」상편 제1장에서 '천지지도天地之道는 건곤지도乾坤之道요, 건곤지

『정신철학통편』에서 부동본不動本에 대하여 "술잔을 주고받아 만 가지의 변화에 대응하더라도 근본 마음만은 동요되지 않을 것이다."[123] 이 구절은 『주역周易』「계사繫辭」상上편에 술잔을 주고받는다는 수작酬酌의 의미와 연관있어 보인다.

『주역周易』「계사繫辭」상上편에서는 역수曆數를 통해 역도易道를 드러내는 과정을 설명하고 있다.「계사繫辭」상上편 제9장의 말미에 "도道가 드러나고 신묘한 덕을 행함이라 이런 까닭에 가히 더불어 술잔을 주고받음이며 가히 더불어 신神을 도울 수 있다."[124]라고 하였다.

그러므로 수작酬酌이란 성인聖人·군자지도君子之道를 주고받는다는 의미로서 천인합덕天人合德을 의미한다. 왜냐하면 술은 성인지도聖人之道를 의미하며, 성인지도聖人之道를 주고받는다는 것은 천인합일天人合一을 의미하기 때문이다. 그러므로 부동본不動本이란, 천인합덕天人合德으로 움직이지 않는 근원적인 본질인 체體가 되어 움직이지 않게 된다는 의미로 보여진다.

위 내용을 종합하여 볼 때, 용변用變 부동본不動本이란 용用이 변하여 체體가 되지만 그 근원은 움직이지 않는다는 의미로 보인다. 그리고 상호체용논리로서 술잔(성인지도聖人之道)을 주고받는 천인합일天人合一이 이루어짐을 말하고 있는 것이라 할 수 있겠다.

도乾坤之道는 이간지도易簡之道'임을 밝히고 있다. 이는 하늘은 크게 시작하는 것을 주관하고 땅은 만물을 이루는 것을 담당하며, 이것은 쉽고도 간단한 도로서 공간空間에서 군자君子의 덕업德業으로 드러난다고 하였다.

123 전병훈, 『정신철학통편』, "수작만변이본심酬酌萬變而本心 칙부동야則不動也."

124 『주역』「계사」상편 제9장, "현도신덕행顯道神德行, 시고是故 가여수작可與酬酌, 가여우신의可與祐神矣."

나. 본심本心 본태양本太陽 앙명昂明

1) 본심本心 본태양本太陽

본심本心 본태양本太陽이란, 마음의 근본(본심本心)은 태양太陽에 근본根本을 두고 있다는 의미로 보인다. 『주역』에서 불은 밝음이요, 진리이며, 태양을 의미한다. 그러므로 태양이란 하늘의 태양과 성인지도聖人之道인 진리眞理를 상징하는 것이다. 태양太陽은 우주만물 중에 어떠한 것과도 비교할 수 없는 우월한 존재이다.

이 구절에서 인간 마음의 근원은 태양太陽에 근원하고 있다. 동양철학에서는 사람을 일컬어 소우주小宇宙라 한다. 그것은 사람의 형상이 천지天地의 이치를 바탕으로 만들어졌다고 보기 때문이다. 그러므로 인간의 본성 속에 들어 있는 마음의 근본을 태양과 같은 밝음이라고 한 것이다.

이 내용을 천인합일天人合一의 관점에서 보면 진리와 내가 하나되는 것이요, 인간 본성은 하늘의 명命으로 주어진 것이다.[125] 공간에서 하늘의 명命을 실천하는 사명을 가진 존재가 인간이다.[126] 인간의 본성과 하늘의 본성이 하나가 되어 천지天地를 밝힌다는 것은 천지인天地人이 하나가 된다는 의미로 볼 수 있다. 달리 말하면 삶의 근본根本은 하늘의 섭리攝理와 진리를 믿고 따르는 마음에 있다고 할 수 있다.

---

125 『중용中庸』, 경經1장章, "천명지위성天命之謂性"
126 『주역周易』, 중풍손괘重風巽卦, 「대상사大象辭」, "신명행사申命行事"

2) 앙명昻明

앙명昻明이란, 높이 밝힌다는 것이다. 먼저, 앙昻은 오를 앙昻으로 높이 떠올린다는 의미이다. 다음으로 명明은 일日과 월月의 합合이 명明이다. 온 사방四方을 밤낮으로 밝힌다는 뜻이다. 그러므로 앙명昻明이란 밝음을 높이 드러낸다는 의미라고 할 수 있다. 광명光明과 유사한 의미로 보인다. 광光은 하늘에서 비추는 것이요, 이로 인해서 밝아지는 것을 명明이라고 한다. 결국 밝음을 높이 드러낸다고 하는 앙명昻明이란 하늘의 빛과 땅의 빛이 합쳐지는 천지합덕天地合德으로 사람들의 마음을 밝게 한다는 것이다.

따라서 본심本心 본태양本太陽 앙명昻明이란 의미는 천인합일天人合一에 의해 인간 마음의 근본이 하늘에 있는 태양太陽의 근본根本과 같다는 것이다. 다시 말하면 사람의 마음의 근본이 하늘이라 천인합일天人合一의 마음으로 본래의 마음(인간 본래성)을 밝힌다는 것이다.

그리고 『주역』에서 화火는 이괘離卦로써 태양, 밝음, 진리 등을 의미한다. 중화이괘重火離卦 「대상사」에서 "상에 이르기를, 밝음이 둘인 것이 이離가 되니, 대인大人이 이로써 밝은 것을 계승하여 사방을 비춘다."[127]라고 하였다. 하늘의 밝은 태양(진리) 높이 받들어서 사방에 비추라는 것이다. 이것이 본심本心 본태양本太陽 앙명昻明의 본래적인 의미를 표상하고 있는 것이다.

따라서 이러한 실천적인 사명을 가진 사람을 『주역』의 관점에서 보면 군자라고 하는 것이다.

---

127 『주역』 중화이괘重火離卦, 「대상사大象辭」, "명양작명兩作 이離, 대인이大人以, 계명조우사방繼明照于四方."

다. 인중인人中 천지일天地一

1) 인중인人中

인중인人中은 천지 사이에서 천도天道를 실천하는 일을 담당하는 사람이 가운데 있다는 의미라고 할 수 있다. 왜냐하면 하늘의 뜻을 공간으로 드러낼 수 있는 매개체媒介體가 사람이기 때문이다. 다시 말하면 하늘의 섭리를 공간으로 드러낼 수 있는 사명使命을 받은 자가 바로 군자君子이기 때문이다.

2) 천지일天地一

성인지도聖人之道의 실천적 사명을 받은 군자의 실천으로 하늘의 섭리가 공간으로 드러나면서 천지天地와 사람을 통해서 하나가 된다는 것이다. 즉 천지인天地人이 하나가 된다는 것이다.

따라서 인중인人中 천지일天地一이란 사람이 천지天地의 가운데에 자리하여 천지인을 하나로 조화를 시킨다는 의미라고 할 수 있다.

라. 일종무종일一終無終一

『천부경天符經』 첫 구절에서의 시始가 일시무시일一始無始一이라면, 『천부경』의 마지막 구절인 종終은 일종무종일一終無終一이다. 그러므로 일종무종일一終無終一은 천부경의 결론이요, 귀결처라고 할 수 있다. 만물萬物은 하나인 태극太極에서 시작하고, 하나인 태극太極은 무극無極에서 끝난다는 것을 의미한다. 즉 일종무종일一終無終一은 『천부경天符經』의 핵심적核心的인 주제요, 원리라고 할 수 있다. 일종무종일一終無終一에 대한 각종 경전經典의 견해와 내용을 분석해보면 다음과 같다.

1) 일一의 의미

『주역』에서는 일반적으로 대大라는 글자에는 천天의 의미가 내포되어 있다고 본다. 이러한 측면에서 본다면 일一은 하늘과 관계된 대일大一의 의미라고 할 수 있다.

『예기禮記』「예운」편에서는 "대일大一은 반드시 예악禮樂의 근본根本으로 천지天地, 음양陰陽, 사시四時, 귀신鬼神을 분화시키는 본원이다."[128]라고 하였다. 『예기禮記』에서는 일一을 대일大一로 표현하여 천지음양天地陰陽과 사시변화四時變化의 본원인 큰 하나의 의미로 해석하고 있는 것으로 보인다.

『여씨춘추呂氏春秋』에서는 "태일太一에서 음양陰陽·양의兩儀가 나오고, 음양陰陽의 변화가 한번은 올라가고 한번은 내려와 합하여 문채를 이룬다."[129]라고 하였다. 『여씨춘추呂氏春秋』에서는 태일太一에서 음양陰陽이 나온다고 한 것으로 보아 태극太極과 동일한 의미로 해석하고 있다고 보여진다.

『장자莊子』「천하天下」편에서도 "태일太一은 형체가 비어 있고, 비어있는 그릇은 태일太一의 이치와 합한다.[130]라고 하였

---

128 『예기禮記』「예운禮運」편, "시고부례필본어대일是故夫禮必本於大一, 분이위천지分而爲天地, 저이위음양轉而爲陰陽, 변이위사시變而爲四時, 열이위귀신列而爲鬼神."

129 『여씨춘추呂氏春秋』, "태일출양의太一出兩儀, 양의출음양兩儀出陰陽. 음양변화陰陽變化, 일상일하一上一下, 합이성장合而成章"

130 『장자莊子』「천하天下」편篇, "태일형허太一形虛, 허형기이합태일지리虛形器以合太一之理".

다. 『장자莊子』에서도 일—을 모든 이치理致를 합하는 큰 하나인 태일太—로 표현하고 있다.

『태백일사太白逸史』에서는 "일—은 서수序數(1, 2, 3)의 의미를 넘어 우주만물이 태어난 생명의 근원, 창조의 근원자리, 절대 유일자를 상징한다. 하늘과 땅과 인간과 신들이 탄생하는 근원으로서의 하나."[131]라고 하였다. 이는 우주변화宇宙變化의 근원根源이 하나요, 이 하나가 천지만물天地萬物의 생성生成의 근원根源임을 천명하고 있다.

일—에 대한 여러 경전經典들의 주석註釋은 일—의 의미에 대해서 천지우주만물 생성의 근원인 동시에 또한 귀결처歸結處로 간주하고, 형이상학적인 원리로 설명하고 있다. 그러므로 『천부경』 마지막 구절의 일종—終은 『천부경』 첫 구절의 일시—始와는 상반된 의미를 가지고 있다고 할 수 있다.

2) 종終의 의미

『천부경』의 시始와 종終을 『주역周易』에서는 "끝난 즉 시작이 있는 것이 하늘의 운행이다(종즉유시終則有始 천행야天行也)"[132]라고 하여 종시원리終始原理가 하늘의 운행법칙임을 밝히고 있다. 또한 종시원리는 영원성永遠性을 지향하는 주역철학周易哲學의 시간관을 천명闡明하고 있다. 하늘과 땅은 각각 하나의 체體로 자리하고 있으나, 천지天地는 하나로 운행運行되는 것이며, 천지天地의 변화원리는 한번 마치면 그것으로 끝나는 것이 아

---

131 『환단고기桓檀古記』, 『태백일사太白逸史』 「소도경전본훈」 상생출판, 대전, 507쪽, 2012

132 『주역』 산풍고괘山風蠱卦 「단사彖辭」

니라 새로운 시작을 의미한다. 이것이 바로 종시終始원리이다. 그렇다면 마지막 귀결처歸結處인 종終은 어떤 의미인가를 살펴 보자.

종終이란, 한번 마친다는 말이지만 끝나는 것이 아니라 다시 시작한다는 것을 의미 한다. 다시 말하면 천지天地가 끝이 없고, 가고 오는 것이 끝이 없는데 마쳤다는(종終) 것은 다만 『주역』의 나선형 시간관時間觀에서 새로운 시작을 의미한다. 예를 들면 밤낮의 주야晝夜의 변화와 사계절인 사시四時의 변화는 쉼없이 순환循環하는 것이다. 즉 낮이 끝나면 밤이 오고, 밤이 끝나면 낮이 온다. 겨울이 끝나면 새로운 봄이 오는 것이다.

『주역』에서는 "해와 달이 지나치지 않고, 사시四時가 어긋나지 않았다.(일월불과이사시불특日月不過而四時不忒)"[133]라고 하여, 하늘의 운행법칙은 단 한 번도 어긋남이 없었음을 밝히고 있다.

3) 무종일無終一

무종일無終一이란, 『천부경』의 첫 구절과 연관해 볼 때 일시무시일一始無始一이 시始의 의미라면 일종무종일一終無終一은 종終의 의미로 종시終始의 철학적 함의를 가지고 있다고 할 수 있다. 『천부경』「상경上經」의 풀이에서 일一은 태극太極이요, 무無는 무극無極을 의미함을 논명한 바 있다. 그러므로 무종일無終一은 태극太極인 하나는 무극無極인 무無에서 끝난다는 것이다. 그러나 끝나면 끝난 것이 아니라 또 다른 시작이 이루어진다는

---

133 『주역』뇌지예괘雷地豫卦「단사彖辭」

의미이다.

『주역周易』에서는 종시終始에 대하여 성인지도聖人之道의 주체적인 자각을 통한 거듭남을 의미하기도 한다. 불가佛家로 보면 윤회요, 자연현상으로 보면 자연의 순환이라고 할 수 있다.[134]

그러나 『천부경』에서는 우주 만물생성의 순환작용도 하나의 귀결처歸結處로 돌아간다는 의미로 해석해야 된다고 여겨진다. 만물의 생성과 전개과정이 태극太極에서 시작하여 무극無極에서 끝난다는 것은 『천부경』의 결론이요, 새로운 시작을 의미하는 차원의 전환을 의미하는 것이다.

마.『천부경』「하경下經」의 결론結論

『천부경』「하경」의 내용은 다음과 같은 결론을 얻을 수 있다.

첫째, 만물생성 근원인 일一이 신묘하게 불어나 온 천하에 변화가 확산되며, 용用이 변하여 체體가 되어도 그 근원은 움직이지 않는다는 것이다.

둘째, 사람들의 마음의 근본이 태양太陽이라고 표현한 것으로 보인다. 그리고 태양의 근본과 하나가 된 인간의 마음을 천지天地에 높이 밝힌다는 것이다.

셋째, 인간이 하늘의 섭리를 공간에서 실천하여 천지天地와 더불어 하나가 된다는 것이다. 그리고 천지인天地人이 하나로 되어 있으나 하나가 무로 돌아가 마친다 하는 것은 새로운 시작을 의미하는 것이다. 즉 일一은 만유생명의 기시처其始處이요, 무無는 마지막 귀결처歸結處가 되는 것이다.

---

134 전병훈은 『정신철학통편』에서는 이 의미를 12지지地支에 결부시켜서 "술해戌亥에서 종終하고, 자축子丑에서 시始한다."라고 하였다.

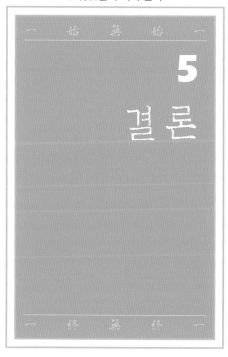

一 始 無 始 一

5

결론

一 終 無 終 一

5.
결 론

지금까지 『천부경』의 81자 내용을 상중하上中下의 세 단락과 11구절로 나누어서 여러 경전들을 참고하여 『천부경』의 철학적인 함의가 무엇인지를 살펴보았다. 그 결과 다음과 같은 결론을 도출할 수 있다.

첫째, 『천부경』「상경上經」에서는 천부경의 우주론을 천명하고 있다.

가. 태극太極이 만물생성의 근원으로 무극无極에서 비롯되었음을 밝히고 있다. 그리고 태극太極이 천지인天地人으로 나누어지며, 태극인 하나一는 삼극三極으로 나뉘어져도 그 본질적인 존재원리인 만물생성의 원리는 다함이 없고, 결코 줄어들지 않는다는 것이다.

나. 천지인天地人 합일合一의 원리를 천명하고 있다. 달리 말하면 천지인天地人의 조화와 변화를 이룬다는 것이다.

다. 『천부경』에서는 철학적인 함의를 상수象數원리와 결부시켜 일一에서 십十으로 순환 변화함을 설명하고 있다. 즉 십수十數의 이상세계를 지향하고 있음을 밝히고 있다.

둘째, 『천부경』「중경中經」에서는 천지인天地人 합일合一의 전개과정을 상수象數원리와 결부시켜 천지인天地人의 변화원리를 다음과 같이 구체적으로 설명하고 있다.

가. 천지인天地人이 음양陰陽의 순환과 변화를 통해서 조화를 이루고 있음을 천명하고 있다.

나. 천지인天地人의 음양陰陽이 합하여 육六을 이루고 이를 바탕으로 칠七이 만물萬物의 형상을 본격화하고, 팔八로써 문물제도를 마름질하며, 구九로써 하늘의 법칙을 드러내어 공간을 다스린다는 것이다.

다. 천지인天地人 삼재三才가 공간인 사방四方을 섭리하며, 오토五土와 남방南方 칠화七火를 통해서 순환변화를 이루어 천지합덕天地合德의 이상사회를 이룬다는 것이다. 이러한 성환오칠成環五七의 원리로 인해서 『천부경』의 말미에 있는 결론의 성격을 지닌 인중천지일人中天地一을 성취하게 되는 것으로 볼 수 있다.

셋째, 『천부경』「하경下經」에서는 음체양용陰體陽用의 변화를 통해서 천인합일天人合一의 의미를 높이 밝히고, 이것을 종시원리終始原理로 설명하고 있다.

가. 만물생성 근원인 태극太極을 통해서 온 천하에 변화가 확산되며, 용用이 변하여 체體가 되어도 그 근원은 움직이지 않는다는 것이다.

나. 천인합일을 통해서 하늘과 하나가 된 인간의 마음을 천지天地에 높이 밝힌다는 것이다.

다. 천지만물의 생성生成은 무극无極을 근원으로 한 태극太極에서 시작하고, 태극太極의 근원인 무극无極에서 마치게 된다는 종시원리를 천명 하고 있다. 시始는 무無에서부터 보이는 하나의 시작이 되고, 하나의 종終이 무無에서 이루어진다는 것은 사실상 마침이 없는 것이다. 다시 말하면 시始와 종終이 다시 연속되어짐을 말하며, 이것은 원圓의 순환법칙을 종시終始원리로 표현한 것이다.

이상의 『천부경』 전체의 결론 도출 과정에서 드러난 핵심적인 내용은 먼저, 『주역』의 철학적인 함의를 압축해서 하늘의 뜻이 공간으로 전개되어 가는 천지인天地人 합일合一의 전개과정을 상수象數원리로써 설명하고 있다는 것이다.

다음으로, 무극无極을 근원으로 한 태극太極이 천지인天地人 삼극三極으로 나뉘는 우주 만물의 변화원리를 종시終始원리와 결부하여 『천부경』의 철학적 함의를 천명하고 있다.

마지막으로 동양철학東洋哲學의 우주론宇宙論인 천지인天地人 합일合一을 근원으로 하늘의 법칙을 땅의 법칙으로 삼아서 이상적인 세상을 이루어야 하는 인간의 실천적인 사명을 밝히고 있다고 할 수 있다.

참고문헌

1. 경전류

『관자管子』

『서경書經』

『설문해자』

『시경詩經』

『여씨춘추呂氏春秋』

『예기禮記』

『장자莊子』

『정역正易』

『주역본의周易本義』

『주역周易』

『중용中庸』

『춘추공양전春秋公羊傳』

『한서율력지漢書律曆志』

『환단고기』

『황극경세서』

『회남자淮南子』

2. 도서류

광 명,『천부경』, 도서출판 솔과학, 서울, 2009

김재홍,『정역이해』, 상생출판, 대전, 2015

김재홍,『주역(상·하)』, 상생출판, 대전, 2013

김주성, 『정역집주보해』, 태훈출판사, 경남, 1999

안경전, 『중산도의 진리』, 상생출판, 대전, 2015

유남상, 『주정역경합편』, 연경원, 2009

육성근, 『천부경 세상』, 에세이 퍼블리싱, 서울, 2012

윤창대, 『정신철학통편』, 우리출판사, 서울, 2004

이정호, 『정역연구』, 국제대학교사회과학연구소, 서울, 1976

정병훈, 『정신철학통편』, 북경, 1920

제상재, 『천부경 집주』, 도서출판 삼양, 서울, 1997

한동석, 『우주변화의 원리』, 대원출판, 서울, 2004

3. 논문류

김재홍, 「정역의 금화교역과 선후천변화원리에 관한 연구」, 『동서철학연구』 제83집, 한국동서철학회, 2017

김재홍, 「정역의 천지역수에 관한 소고」, 『철학논총』 제61집, 새한철학회, 2010

유남상, 「정역사상의 연구」, 『철학연구』 제23집, 한국철학회, 1976

유남상, 「정역의 도서상수원리에 관한 연구」, 『논문집』 제8권 제2호, 충남대학교 인문과학연구소, 1981

유남상, 「하락상수론에 관한 연구」, 『논문집』 제4권 제1호, 충남대학교 인문과학연구소, 1978